搜神记东坡志林三字经百家姓千字文
古文观止世说新语徐霞客游记梦溪笔谈
楚辞唐诗三百首宋词三百首元曲三百首
子管子列子鬼谷子商君书吕氏春秋诗经
子庄子墨子孙子兵法韩非子大学中庸荀
观政要山海经水经注人物志论语孟子老
记汉书后汉书三国志资治通鉴盐铁论贞
烈传列录近思录围炉夜话左传战国策史
坛经黄帝内经孔子家语颜氏家训淮南鸿
周易孔记孝经心经金刚经净土三经六祖

周易礼记孝经心经金刚经净土三经六祖
坛经黄帝内经孔子家语颜氏家训淮南鸿
烈传习录近思录围炉夜话左传战国策史
记汉书后汉书三国志资治通鉴盐铁论贞
观政要山海经水经注人物志论语孟子老
子庄子墨子孙子兵法韩非子大学中庸荀
子管子列子鬼谷子商君书吕氏春秋诗经
楚辞唐诗三百首宋词三百首元曲三百首
古文观止世说新语徐霞客游记梦溪笔谈
搜神记东坡志林三字经百家姓千字文

冰，水为之，而寒于水。

君，则是人也，而曾狗彘之不若也。

乱，则穷矣。

言，深于矛戟。

人之情，食欲有刍豢，衣欲有文绣，
又欲夫余财蓄积之富也；
然而穷年累世不知不足，是人之情也。

性恶，其善者伪也。今人之性，
生而有好利焉，顺是，故争夺生而辞让亡焉；
生而有疾恶焉，顺是，故残贼生而忠信亡焉；
生而有耳目之欲，有好声色焉，顺
是，故淫乱生而礼义文理亡焉。

能无求。求而无度量分界，则不能不争；争则乱，乱则穷。

人何以知道？曰：心。心何以知？曰：虚壹而静。

大天而思之，孰与物畜而制之！从天而颂之，孰与制天命而用之！

凡治气养心之术，莫径由礼，莫要得师，莫神一好。

上莫不致爱其下，而制之以礼。

故人心譬如槃水，正错而勿动，则湛浊在下，而清明在上，则足以见须眉而察理矣。

之以清，外物莫之倾，则足以定是非、决嫌疑矣。

害，是君子小人之所同也；
义不一，不足谓善学。
谓善射；千里蹞步不至，
治一不治二。

天不言而人推高焉，地不言而人
四时不言而百姓期焉。
天地生君子，君子理天地；君
天地之参也

以

于治，合于道者也。
化人之情性而导之也，
情性而正之，
之起礼义，制法度，
为之偏险而不正，悖乱而不治，
以人之性恶，

贵其所以有

之以乱易。王者之

则有常，不

先

义而后

察，辩不惠察。

虽，说不贵苟察，

唯其当之为贵。

京也。古人千文，君子养京：

冰，水为之，而寒于水。

君，则是人也，而曾狗彘之不若也。

人之情，食欲有刍豢，衣欲有文绣，又欲夫余财蓄积之富也；然而穷年累世不知不足，是人之情也。

乱则穷矣。

言，深于矛戟。

性恶，其善者伪也。今人之性，生而有好利焉，顺是，故争夺生而辞让亡焉，疾恶焉，顺是，故残贼生而忠信亡焉；生而有耳目之欲，有好声色焉，顺是，故淫乱生而礼义文理亡焉。

凡治气养心之术，莫径由礼，莫要得师，莫神一

凡礼义者，是生于圣人之伪，非故生于人

上莫不致爱其下，而制之以礼。上之于下，如保赤子，下之亲上，欢如父母。

而天命而用之！

之，孰与物畜而制之！

?曰：心。心何以知？曰：虚壹而静。

则不能不争；争则乱，乱则穷。

能无求。

水，正错而勿动，则湛浊在下，而清明在上，则足以

湛浊动乎下，清明乱于上，则不可以得大形之正也。

之以清，物莫之倾，则足以定是非决嫌疑矣。

天不言而人推高焉，地不言而人

四时不言而百姓期焉。

天地生君子，君子理天地；君

天行有常，不

天地之参也

应之以乱则凶。王者之论

无功不赏，无罪

以善至者待之以礼，以不善

以人之性恶，

（以为偏险而不正，悖乱而不治，

之起礼义，制法度，

情性而正之，

化人之情性而导之也，

于治，合于道者也。

治一不治二。

谓善射；千里跬步不至，

义不一，不足谓善学。

害，是君子小人之所同也；

之所必不免也。故人不能无乐，乐则必发于声音，形于动静。

先义而后利，安不恤亲疏，不恤贵贱，唯诚能之求，夫是之谓巨用之。

砥砺则利，君子博学而日参省乎己，则知明而行无过矣。

先义而后利者荣，

荣者常通，

穷者常制于

难，说不贵苟察，

唯其当之为贵。

荀子

名誉主编◎饶宗颐
导读及译注◎方世豪

中信出版社 · CHINA CITIC PRESS · 北京 ·

出版说明

为什么要阅读经典？道理其实很简单——经典正是人类智慧的源泉、心灵的故乡。也正因如此，在社会快速发展、急剧转型，也容易令人躁动不安的年代，人们也就更需要接近经典、阅读经典、品味经典。

迈入二十一世纪，随着中国在世界上的地位不断提高，影响不断扩大，国际社会也越来越关注中国，并希望更多地了解中国、了解中国文化。另外，受全球化浪潮的冲击，各国、各地区、各民族之间文化的交流、碰撞、融合，也都会空前地引人注目，这其中，中国文化无疑扮演着十分重要的角色。相应地，对于中国经典的阅读自然也就拥有了不断扩大的潜在市场，值得重视及开发。

于是也就有了这套立足港台、面向海内外的“中信国学大典”的出版。希望通过本套丛书的出版，继续搭建古代经典与现代生活的桥梁，引领读者摩挲经典，感受经典的魅力，进而提升自身品位，塑造美好人生。

中信国学大典收录中国历代经典名著近六十种，涵盖哲学、文学、历史、医学、宗教等各个领域。编写原则大致如下：

（一）精选原则。所选著作一定是相关领域最有影响、最具代表性、最值得阅读的经典作品，包括中国第一部哲学元典、被尊为“群经之首”的《周易》，儒家代表作《论语》、《孟子》，道家代表作《老子》、《庄子》，最早、最有代表性的兵书《孙子兵法》，最早、最系统完整的医学典籍《黄帝内经》，大乘佛教和禅宗最重要的经典《金刚经·心经·坛经》，中国第一部诗歌总集《诗经》，第一部纪传体通史《史记》，第一部编年体通史《资治通鉴》，中国最古老的地理学著作《山海经》，中国古代最著名的游记《徐霞客游记》等等，每一部都是了解中国思想文化不可不知、不可不读的经典名著。而对于篇幅较大、内容较多的作品，则会精选其中最值得阅读的篇章。使每一本都能保持适中的篇幅、适中的定价，让大众都能买得起、读得起。

（二）尤重导读的功能。导读包括对每一部经典的总体导读、对所选篇章的分篇（节）导读，以及对名段、金句的赏析与点评。导读除介绍相关作品的作者、主要内容等基本情况外，尤其强调取用广阔的国际视野和当代眼光，将这些经典放在全球范围内、结合当下社会生活，深入挖掘其内容与思想的普世价值，及对现代社会、现实生活的深刻启示与借鉴意义。通过这些富有新意的解读与赏析，真正拉近古代经典与当代社会和当下生活的距离。

（三）通俗易读的原则。简明的注释，直白的译文，加上深入浅出的导读与赏析，希望帮助更多的普通读者读懂经典，读懂古人的思想，并能引发更多的思考，获取更多的知识及更多的生活启示。

（四）方便实用的原则。关注当下、贴近现实的导读与赏析，相信有助于读者“古为今用”、自我提升；卷尾附录“名句索引”，更有助于读者检索、重温及随时引用。

（五）立体互动，无限延伸。配合图书的出版，开设专题网站，增加朗读功能，将图书进一步延展为有声读物，同时增强读者、作者、出版者之间不受时空限制的自由随性的交流互动，在使经典阅读更具立体感、时代感之余，亦能通过读编互动，推动经典阅读的深化与提升。

这些原则可以说都是从读者的角度考虑并努力贯彻的，希望这一良苦用心最终亦能够得到读者的认可、进而达到经典普及的目的。

需要特别提到的是，国学大师饶宗颐先生慨然应允担任本套丛书的名誉主编，除表明先生对出版工作的一贯支持外，更显示出先生对倡导经典阅读、关心文化传承的一片至诚。在此，我们要向饶公表示由衷的敬佩及诚挚的感谢。

倡导经典阅读，普及经典文化，永远都有做不完的工作。期待本套丛书的出版，能够带给读者不一样的感觉。

目录

《荀子》导读

开出一个人文世界

方世豪

一、荀子其人其书

荀子，名况，字卿，又称荀卿、孙卿，战国时赵国人，大约生于公元前三〇七年，卒于公元前二一三年左右。荀子生逢乱世，十五岁游学于齐，在稷下留居了较长时间。齐威王、宣王当政时期，招贤纳士，学者云集，是齐国最繁荣时期。到齐湣王时，开始衰败，学者离去，荀子到了楚国。到齐襄王时，稷下又再度兴盛，荀子又回到齐国，成为齐国最有名望的学者。荀子也曾经向秦昭王和赵孝成王推荐他的政治主张，但都没有被采用。后来到了楚国为官，到春申君死而免官。以后就一直著书立说，教学授徒，直至去世。

《荀子》一书流传至汉朝，经刘向整理，定为十二卷，三十二篇。到了唐朝，杨倞为《荀子》作注，定为二十卷，就是我们今天看见的《荀子》。《荀子》现在通行的是清代卢文弨校勘本，而清末王先谦撰《荀子集解》集清代学者之大成，是清代最著名注本。近人梁启雄作《荀子简释》是近代著名的注本。

二、荀学简史

荀子说自己的学问是继承孔子而来的，又常常把孔子和周公相提并论。这是因为荀子认为自己和孔子一样，是发扬周代的人文文化制度的，其重点和孟子不同。孟子也是继承孔子，但常说尧舜是创造人伦文化的人，所以重点是在人伦文化，而不是周公的制礼作乐。《荀子》书中有《尧问篇》，有荀子门人的记录，说荀子的善行，孔子也不能超过，为荀子辩护，认为荀子并非不如孔子。可见荀子门人并不认为荀子是继承孟子，而是直承周孔。

汉代传授五经的儒者，多数自认为是继承荀子，遥承荀子门户。例如：解释《诗经》的三家，《鲁诗》是传自浮丘伯，《韩诗》是传自韩婴，《毛诗》是传自毛亨。而《礼》传自后苍，《春秋左氏传》是传自张苍，《春秋谷梁传》是传自申公。这些儒者的师承，都可以上溯到荀子的弟子。这些说法可参考清代学者汪中的《荀卿子通论》。

汉代时，董仲舒已经质疑过孟子的性善论说法。刘向的《孙卿书录》就称赞荀子，又说董仲舒是大儒而写书称赞荀子。后来，王充也有质疑孟子的文章。由此可见，汉初时，荀子的地位在孟子之上。汉代只有扬雄曾以孟子自比，而反对道家墨家。

汉代也很少主张孟子的性善论。董仲舒说性是天生的气质，可以同时贯通善恶。扬雄说性，主张"善恶混"，都是综合孟子、荀子的主张而说的。王充主张性分三品，认为人性有善，有恶，有居中，也是由综合孟子和荀子的主张而进一步说。

经典方面，由汉至唐，儒者都很重视五经。五经有多种注释，但《孟子》就只有赵岐注一种，和《荀子》只有杨倞注一样，他们的学问都未曾受到当时的重视。

到了唐代，韩愈著《原道》，认为孟子是醇乎醇，而荀子是大醇而有小疵。这就是赞扬孟子而稍为贬抑荀子。但韩愈对性的主张就和汉代王充大约相同。

到了宋代初期，学者仍然是大多数把孟子、荀子和扬雄、文中子相提并论。但《宋元学案》的《安定学案》中，安定门人徐积，就开始有评论荀子的性恶论。苏轼的《荀卿论》更加认为李斯焚书坑儒的罪行，就是由于李斯的老师荀子主张性恶。二程更加大力斥责荀子的性恶论，二程说："其学极偏驳，只一句性恶，大本已失。"这就是认为荀子的性恶已失去了儒学的大本。朱子的《近思录》也有引用二程的说法。由宋代到明代，学者大多数都认为孟子才是孔子的嫡传，荀子是杂学而已。

到了清代，戴震主张心知，凌廷堪主张礼，说法其实和荀子大约相同，但他们都没有说明是宗于荀子。而汪缙的《二录》、《三录》，主张归宗孟子作标准来衡量荀子。但书中仍然有采用荀子主张的地方。姚鼐著《李斯论》，驳斥苏轼的说法，不赞成把李斯的罪过归咎于荀子。钱大昕、郝懿行为荀子辩护，认为荀子之学，没有违反孔孟的主张。卢文弨、王念孙就对荀子的文章多做校注的工夫。汪中著《荀卿子通论》，综述了荀子承传经学的功劳，又为荀子作《荀子年表》。而到了清末，王先谦集合了卢文弨、王念孙等人的校注，撰《荀子集解》。书中前二卷是考证，当中也备录了由钱大昕、郝懿行到汪中等人的文章。清末时，章太炎著《国故论衡》，用佛家的唯识宗义理来讨论孟荀的人性论主张，认为孟子和荀子是各自得到偏向一面的人性意义。所以章太炎的说法有些类似汉代董仲舒、扬雄对孟子和荀子关于人性主张的评论。与章太炎同时，谭嗣同著《仁学》，一方面注重孟子所说的民贵主张，一方面斥责荀子的尊君、君统的主张，认为中国两千年来，君主专制制度都是受到荀子学说的流派而形成。这是荀子所始料不及的。

而民国以来，学者就常常提到荀子所主张的正名，和关于心和天的解释，因为可以用来和西方哲学思想比较，所以渐渐又觉得荀子学说有价值了，孟子和荀子的地位又大约相等了。这就是荀子之学的简史。

三、荀学在现代中国的意义

我在司徒华先生的书中，看到一个天堂与地狱的故事。

话说有一个人死了，灵魂在路上飘荡，心里想：这条路是上天堂，还是下地狱呢？他自己无法估计自己功过，不知应上天堂或下地狱。走了一会儿，看见一座金碧辉煌的宫殿，中门大开，守门人请他内进，带他去见宫殿主人。

主人招待很殷勤，对这人说：“这里有最华

丽的房间，最舒适的床铺，最美味的食物，只要你说得出，就有佣人煮给你吃。这里有很多佣人侍候你，听你吩咐。你叫他们做什么就做什么。没有人打扰你，你什么也不用做。相信你从来没有试过这样的生活，你来这里住一下，试一试吧！”

这个人听了，很高兴，就住了下来。果然，宫殿里面的生活确是如此。想吃什么，有什么，要睡多久，就多久。但他渐渐不习惯，最不习惯的，是这里没有朋友。佣人只是为他做事，从来不说话。另一个不习惯是这里没有一本书，没有报刊。宫殿外的消息，一点也不知道，整个人好像离开了这个世界。不久，这个人寂寞得想死，好像在监狱中生活。

他忍无可忍，问了佣人：“我可不可以做一些事呢？”

佣人答：“不可以，这里不准做事的。”

这个人问：“我可不可以负责担水、烧饭、洗衣服呢？”

佣人答：“不可以，我不是说过，这里不准做事，只准吃喝玩乐吗？”

又过了一段时日，这个灵魂实在无法再忍受，走去见那宫殿主人，说：“我在这里无所事事，虽然生活无忧，但我不能够再留下了。我现在觉得，原来寂寞是最痛苦的。当初，我在这里确实觉得很快乐，无忧无虑，不用工作，好像在天堂一样。但现在，却觉得像在地狱一样。你可以给我一些工作做，令我不至于那么寂寞难受吗？”

宫殿主人说：“你想错了，这里不是天堂，而是地狱。地狱就是这样，就是寂寞，就是无事可做。在天堂才有事可以做，生活才有意思。”

这个灵魂说：“那么，我要离开这里，我情愿去那个有很多事做的地方！”

为什么这个灵魂不愿意留在这个天堂一样的地方？因为这里无事可做，没有朋友，没有沟通，生活没有意义。生活怎样才有意义？就是在人世间，做人间的事，有朋友，有沟通，生活才有意义。在人世间有很多事可以做，可以从事科学、文学、哲学、宗教、艺术、体育、经济、烹饪等各式各样的活动，这就是人文世界的活动。有这些活动，就是有人文世界，生活才有意义。所以，人文世界才是真正的人间天堂。

历史上，甚至今天，还常常有人用无事可做的天堂，来吸引人，甚至吸引了很多知识分子，由此而为世人带来灾祸。例如：有人以为一个财富完全平等的世界就是天堂，忽略了全幅人文世界的价值，一切都为经济服务，世上好像只有经济意义，只有物质的意义。这就是一个寂寞、空虚的天堂。所以，我们要重新确认，真正的天堂是全幅人文世界的开展。荀子所说的礼义，就是人文世界，就是人文统率各种文化而形成的道。

看荀学的意义，就要看荀学开展出的人文世界的意义了。

（一）荀子人文精神的来源

人文精神就是多元文化组织的基础。什么是人文精神呢?

用唐君毅先生的解释，人文，就是一切人的思想、人的学术、人的文化，一切文化都是人的文化，都是由人创造的。所以一切文化精神都是人文精神。但这样说好像没有什么特别意思，没有对照，人文精神的意思就显不出来。因为除了人文思想、人文精神之外，还有反人文的思想。本来人文的思想不必特别提出来说的，但因为每个时期都有反人文精神的存在，所以每个时期都要提倡发扬人文精神。

中国人文精神发展的第一阶段，是孔子以前的时期。这时期的中国人文精神是表现在具体的日常生活上。这时期其实并没有很多人文学术思想。但中国人文精神的根源就在这时期确定下来。中国后来的人文思想，包括荀子的人文思想，都是由这时期的中国人心灵中孕育出来的。中国的人文精神，和西方的人文主义不同，并不是和神本、物本相对。所以人文精神不是没有宗教信仰，不是不重视自然。中国人文精神重视的，是要看人对宗教性的天、帝和对自然物的态度。这种形态和西方的形态是不同的。

唐先生认为人对自然物的态度，简单说，可以有三种：第一种是利用厚生的态度，第二种是欣赏或表现人情感德性审美的艺术态度，第三种是视自然物为客观对象，人对客观对象有好奇、惊讶，要求对对象加以了解的态度。第三种态度可以产生出纯粹客观的自然思想，这就是西方古希腊的科学、自然哲学的开始。这种态度的思想是直接倾向自然，趋向忘记人自己的。

中国古代既缺乏纯自然的思想，也缺乏死后世界、神界的思想，所以中国文化的本源就是人文中心的文化。这种人文文化在周朝时具体形成。“周尚文”，就是说到周朝才有人文的文制，就是礼乐制度。中国古人发明器物，表示古人能够首先控制到自然物，这是实用方面而言。但到了周朝，有了礼乐制度之后，器物就渐渐礼乐化，变成礼的器物和乐的器物，变成用来表现人情意、德性的工具。器物世界也增加了审美艺术的人文意义。周代以前，比较重视祭祀鬼神，表示中国人要求和神灵协调，礼乐的作用是要令神人关系和谐。但到了周朝，礼乐的意义就偏重于人的伦理关系，用来协调人与人之间的秩序。荀子肯定的礼乐文化，就是周朝发展出来的人文文化。

根据唐君毅先生的意见，中国人对这种人文精神的自觉，是春秋以后由孔子开始的。春秋以前人文精神自觉到什么程度，是不确定的。但西周时期这种礼乐文化是一种生命力极其健康、充盛，又文雅有度的文化。西周时期，人的精神和内心德性都是直接表现在文化生活之中的，而自觉反省的思想是不需要的。真正对中国人文中心思想有自觉反省，能够说到人文精神的价值和意义的人，就是孔子。孔子开出了先秦儒家的人文思想。由孔子到孟子，再到荀子，是中国儒家人文思想自觉形成的时期。所以荀子要做的，是继承孔子的使命，就是要重建中国传统的人文中心文化。

(1)孔子的努力

春秋时期的时代问题是周朝势力衰落，夷狄势力兴起。周朝贵族堕落、无礼，士人、庶人逐渐要求提高社会地位，礼乐传统崩坏了。即是说，中国传统人文世界内部开始崩坏，而外面世界的夷狄势力又形成威胁。要解决这个时代问题，孔子作为知识分子，他一方面很佩服周公的制礼作乐，建立人文世界，一方面又佩服管仲的尊王攘夷，令中国人不至于披发左衽。孔子又要求当时的士人，即知识分子，要负起保护和重建中国人文世界的责任。士，本来是武士，武士的责任是保卫社稷。

孔子认为当时礼乐制度崩坏是因为人僭越礼乐，所以孔子要人知道礼乐之本。礼乐之本就是人内心的仁德，所谓：“质胜文则野，文胜质则史。文质彬彬，然后君子。”孔子重视文，不是说重视礼乐的仪文，而是重视成就礼乐仪文的德性。这德性就是文之质。孔子重视文之质，重视德性，就是想挽救当时文制的毛病。所以在“人文”两字之中，孔子是重视人多于表现在外的礼乐仪文。孔子要人自觉自己内在的、人之所以为人的德性，令人自己先成为能够被礼乐仪文依附的质地，才能成就真正有意义的礼乐仪文。这才是孔子一生讲学的精神所在，也是孔子人文思想的核心所在。孔子在整个周朝传统的礼乐人文世界的底层，发现了一个人的纯内心德性的世界。这个世界就是人文世界的基础。孔子和他的弟子亲身实践，以德性互相勉励，孔子师门就已形成一个人格世界。孔子和弟子反省讨论德性问题，讨论人格世界如何形成，后来的儒者，包括孟子、荀子、宋明理学家等，也加入讨论德性和人格问题。这些讨论形成的智慧，又会形成一个人文思想的世界。这个儒学的人文思想世界，意义和价值很广远，比孔子上论古人、作《春秋》、对时人作褒贬的活动，又更进一步。

(2) 孟子的努力

孔子以后，孟子又把孔子的人文思想再推进一步。孟子的人文思想是要回答墨子对儒家的攻击。孟子重新说明儒家礼乐和家庭伦理的价值。孟子之所以能够说出这个价值，是因为孟子能够肯定人的心性。孟子由人的心性要求来说明礼乐的表现。礼乐其实就是人心性不容已的表现。孟子又说到人性的仁爱流行的次序，是由近至远。人人皆是亲其亲，长其长，最后可达到天下太平。孟子说的人性是天所赋予我的，由此而说尽心知性知天，把人道和天道贯通起来。所以中国儒家的人文思想，发展到孟子，就可以为孔子说的人文价值、内心德性找到一个既是先天的，又是纯内在的人性基础。儒家的人心性世界的存在，可以说是由孟子的反省自觉而加以树立。

(3) 荀子的努力

中国先秦的人文思想，孟子以后再进一步的发展，就是荀子的思想。荀子思想的重点是说明礼制。礼制其实是包括各文化的统类，所以荀子是说明人文世界的结构。孔子的重点是说明礼乐的本意，孟子的重点是说明礼乐的源头，荀子说礼制，重点是说明礼乐制度的实效。所谓实效，就是要树立起整幅的人文世界，令自然世界的天地、自然的人性，都可得到条理化。荀子在《王制篇》说："天地生君子，君子理天地"，就是说自然世界的天地被人文世界的君子所主宰。这种说法是庄子以天为主宰的倒转。庄子崇尚自然，不重视人文思想、人文世界。但后来的《中庸》、《易传》、《乐记》等所说的天地的德性，礼乐的和谐秩序，都是以人文世界作为中心概念而说的。这正是用人文世界的概念来说明天地的价值意义。这就是先秦儒家人文思想的发展过程，通过人文世界，由人道而通天道。

（二）现代中国问题的来源

中国人文精神发展到现代，变成被重视现实物质的思想所主宰。现代人都以为政治经济就是作为人类文化形态的决定原因。现代重视政治和市场经济发展的思想正是如此。这样就抹杀了政治经济以外，其他人类文化的独立性，否定了一切政治经济以外的文化思想本身的真理价值，包括人格尊严、个性价值等等，甚至不把人当作人看待，人也只是一个物、一个人力资源、一个工具，只有工具价值。人类整幅的人文世界大部分都变得毫无意义了。

（1）清代的问题

现在的问题是，何以中国人的人文思想发展到现代，竟然会被反人文的思想征服呢？原因有政治性的，有军事性的，有经济性的，但更深层的，其实是文化学术思想的理由。从中国的文化思想发展来说，就是因为清代的学术文化中的人文精神没有力量。因为清代学术思想太注重文字文物考据的枝节末项，清代学人太局限于书斋，这就是一种偏蔽。原本清代哲学重点是要人注重实际的民生日用，这个说法本来不错。但清代哲学要反对宋明理学就错了。宋明理学要人学做人，做一个顶天立地的人。而清代哲学则注重要人做事务。现代人的学术文化，都是要人学做事，可以求职赚钱，也是如此，只是比清代更重视个人利益。宋明理学的末流，变成“无事袖手谈心性”，这是毛病，是应该反对的。但真正第一流的宋明理学家，虽然不重视“做事”，实际上却很能做事。清代哲学家反对宋明理学家提倡的心性之学，希望人能够做事。但实际上，清代哲学家中，除了颜习斋外，其他都只是在书斋中著书。其实清代学者的做事精神反而不及宋明儒者。因为真正能够做事的人，一定要先做人。清代中叶以后，曾国藩、罗泽南等比较能够做事的人，正是因为他们的讲学是以宋明理学精神为本。所以反对宋明理学的清代哲学和考证训诂之学，表现出来就成为一股没有力量的精神。因为清代学者只用心在人文的枝节末项和人生实际事务的枝节末项，没有用心下工夫建立深厚的本源，结果就没有力气。回看现代都市人不正是只顾人生的事务枝节，而不是先学做人，不言心性之学吗？这就是清代人文精神的遗风，一直延续到新文化运动，再到现在。

新文化运动的学者，很多仍然推崇清代学者，反对宋明理学。新文化运动推动的是整理国故的风气，其实一直未脱离清代的琐屑考证风气。这个风气一直沿至现在的研究中国文化的大学学者，大学学院中的中文系仍然是延续清代的考证风气，但加上西方式的论文格式而已。这种人文精神当然抵挡不住崇尚物质的强大思想文化。所以清代这种有所偏的人文精神也是应该反对的。于是，重新看看先秦荀子如何建立全幅人文世界就有意义了。

（2）新文化运动的问题

至于新文化运动提倡的科学和民主自由，都是由西方文化输入的，不是继承清代精神而来。民主自由本来都是好的，但只说民主，而没有人文人格的根基，也不能够形成一个好的政治制度。就好像选民和候选人都是人文人格基础不好的人，选出来的领袖也不会是理想的人。没有人文世界的开展，民主制度也没有坚实的基础。所以新文化运动时，只是喊民主自由的口号，喊了一百年，中国人仍然建立不了民主自由的政治制度。结果民主自由的口号，只成为新文化运动时破坏和打倒原有社会文化的力量。新文化运动时只有科学的口号，但不重视科学研究。只说科学方法、逻辑分析，用来批判传统文化，威吓中国传统知识分子而已。所以民主和科学的口号不能帮助中国文化的发展，反而，民主和科学为中国文化变得物质化而开路，扫除传统的障碍。这就是中国文化思想变得普遍重视物质的原因。

中华民族有数千年历史，中国人文精神的发展也有多次的曲折，最后被重视物质的文化征服，这就好像秦代被反人文的法家征服一样。但人类文化的发展，从来是在艰难中奋斗出来的，在迷惑中找出路的。所谓道高一尺，魔高一丈，文化的曲折起伏是寻常事，但魔高一丈，道也可以再高十丈。光明和黑暗是互相对照而发展的。道因为有魔对照就会加以发展，人知道这是黑暗时代，就表示知道光明快要来临。人如果知道这是魔鬼的时代，人就会去追求道。一切反面的事物，都一定会被反对的。因为人性总是要向光明、向道而发展，这是人性的必然。所以中国人文精神发展在现代的不幸，并不是未来的不幸。正因为这发展的不幸，令中国人更加能够反省到中国传统人文精神的价值。这样中国人才明白传统人文精神的价值是什么，缺点是什么。于是，中国人就会发挥、保存传统人文精神、人文世界的价值，并且会补足传统人文精神缺乏的地方。由此而发展民主自由和科学，反而更能见到民主自由和科学的价值。由此看来，中国人文精神未来发展的前途是远大的。所以这时回顾荀子的人文世界思想，就能让人由中国传统人文精神中，发展出真正的民主自由科学的中国。

中国传统人文精神，周朝的礼乐精神，孔子重视的仁道，孟子重视的心性，荀子重视的人文世界主宰自然世界等，都可以互相融合，应该保存下来，重新为中国文化发出光辉。故而，荀子的人文世界精神，在现代社会是有重新表现的意义的。

（三）荀子的人文世界

先秦时期，孔子说仁道，墨子说义道，孟子说兴起人心志之道。而道家的田骈、彭蒙、慎到，说顺应物势之道，老子说法地法天之道，庄子说由生命心知而成为真人、至人、神人之道。而荀子所说之道和他们又有不同。荀子说的道属于儒家传统，但明显又和孟子不同。孟子只注重人和禽兽的分别，但荀子同时说人和自然天地万物的分别。《王制篇》云：

水火有气而无生，草木有生而无知，禽兽有知而无义，人有气、有生、有知、且亦有义，故最为天下贵也。

人的尊贵，是相对于一切自然天地万物而见到。而人之所以尊贵，不似孟子的说法。孟子认为人之尊贵是由人和禽兽不同的主观心性来说。但荀子是由人和自然天地万物的不同而说，是由人的客观的礼义而说。荀子所说的礼义，就是人文世界，人文统率各种文化而形成的道。人文能统率各种文化，表示人在自然世界之上，开出一个人文世界。这个人文世界，在人的自然生命和人所知的自然物之间，同时也是在自己与他人之间。这个人文世界也贯通古今，而有自己的历史。所以说，荀子的人文统类形成之道，和孔子、孟子都不同。孔子只说自己与他人相处的伦理之道，孟子只说人怎样自己兴起自己的心志而做圣贤之道。荀子和老子、庄子就更加不同，老子说的是法天法地之道，庄子说的是人自己调理自己的心知生命而成为真人至人神人之道。荀子所说的，是用心于各种人与不同类自然事物的关系，人与各种类的人间事物的特殊关系，和古今历史的变化。明白这些关系，然后才能够知道怎样形成人文统率各种类事物之道。这样，荀子就可以说出，人在自然世界之外，其实开出了一个人文世界。而人文世界的形成，一方面要建立各种类的人伦关系，人要尽人伦。而另一方面，要令各种类人文可以互相限制，由此而互相配合，互相统率，互相成就，由此而尽人的文化制度。人能实践制度，就成为政治。尽人伦，就可以成为圣人。尽文制，就可以成为王者。所以荀子说的尽伦尽制之道，就是圣王之道。墨子说圣和王，注重用力于公义，要兴起天下人民的利益。孟子说“大而化之之谓圣”，能够保卫人民，兴起人民的人，就是王者。老子就认为圣人没有常心，而以百姓之心为心的就是王。庄子说游心于淡的圣人，是顺物自然而没有私心，这就是应帝王之道。诸子之中，只有墨子注重在事业上见到公义和对人民有利，其余都是着重在内心上说道。但荀子说圣王，着重在尽伦尽制，要成就客观的人文统类、人文世界，而不是着重在一件一件的具体事情。荀子也不只是着重说心，而是着重说心之知而贯通各类，由实践而成就统类。荀子正是希望由此而令世界，由偏险悖乱而归于正常之理、和平之治，成就人文世界所有具体的事业，令人的事业都合乎礼义，人就是天下最尊贵的。所以荀子《礼论篇》说："礼者，人道之极也。"这就是荀子学说的特质。

（四）响应中国现代的问题

看中国人的现实问题。中国人近百年来，最重视的是政治和经济这两个文化范畴的价值，而忽略了其他人文文化的价值。我们注重政治组织和经济成就，而忽略了其他人文文化的价值。但其实其他文化的价值并不下于政治和经济，甚至是更重要的。

近百年来，中国人有一种习气，就是只重视政党或政府组织和经济发展。这个观念习气的来源，是因为中国在这百多年来的遭遇。近百年来，中国人常常被人视为"一盘散沙"，甚至中国人自己也这么认为。中国人觉得自己不似西方国家那样有严密的组织，把人民组织起来，所以会有重视政府组织的习气。中国人又觉得自己比西方国家贫穷，被人欺负。于是，想改善中国人的组织和经济，这想法是对的。中国如果想要现代化，确是一定要建立一些组织。但中国人所缺乏的组织，主要是各种社会人文文化组织，而不是政府组织。中国政府组织的松散和没有效率，正是因为缺乏其他社会人文文化组织。

社会人文文化组织可以培养出一个人正常的组织意识。政府组织的松散问题，就是因为没有社会组织作为基础，培养不出人正常的组织意识。而社会人文文化事业不发达，也会令社会人民和政府的关系减弱，造成政府组织的松散和没有效率。但近一百年来的中国知识分子的观念，却是倒果为因，所以常常想直接由政府组织的严密化来想办法，由此而形成现在越来越严密的政府组织。知识分子反而不愿意先投身在各种社会人文文化事业之中，成就各种社会文化组织。

这条向政府组织而行的路是中国传统知识分子所走的。方向是由政治到社会，由上到下，是传统的旧路。这条路不是不可以走，今天也可以有少数知识分子走。政府本来就是可以帮助人民成就社会组织。但总不能全部聪明才智的知识分子都走政治这条路。如果全部人都这样走，只重视政府组织，一定会令其他社会文化事业不能发达。因为这样的社会，文化组织一定会受到政府的政见、政策、行政措施、人事关系桎梏。这样的社会，就算推行民主政治也始终不能够有坚实的社会基础，最后民主政治也会凋谢。而荀子之学开展的就是要肯定这些丰富的、多方面的人文世界。

看中国人近百年来的发展，民主自由的口号喊了百多年，依然未有理想的政治和国家。这是因为中国人想用来建构民主国家的思想基础，主要是来自西方的思想。其中最重要的是个人、社会团体组织和国家这三个观念的关系。西方文化能够发展出民主政治，主要是因为有多元的社会组织在支持。西方文化是很重视社会组织的。古希腊罗马时期，有严密的社会阶级组织。中古时期，有严密的宗教组织。到了近代，有多元的产业组织。这些社会组织都是根据抽象的普遍目标或人与人的类别观念而形成的。所以西方现代社会很重视社会组织。但中国传统一向缺乏西方式的、根据分类而来的组织，缺乏根据抽象共同信仰的宗教组织，缺乏追求共同利益的近代产业组织。这些组织总括都是以抽象共同目标为媒介而组织起来的。但中国哲学思想不重视抽象普遍和类别概念，所以不重视这些组织。直至近代中国遭到西方侵略，要发愤图强，才开始重视现代产业组织和现代国家观念。但因为中西文化背景不同，西方重视社会组织的观念传入中国之后，中国人其实也未能感兴趣和了解，所以这些观念的意义和性质也改变了。中国人建立民主社会和国家的复杂性，就是我们只袭取西方的思想，来解决中国的问题。我们一定要根据我们自己的思想，贯通国家、社会组织和个人的观念，配合中国的人文精神，才可以解决中国现在的问题。而传统儒家中，荀子就是最重视人文世界事业的，重视各种类的人文事业，重新发扬荀子的学说，在这里就有时代意义了。

荀子成就人文统类之道，包括：天与人的关系、性善与性恶的关系、心与道的关系、知与行的关系，圣王之道、为学之道、政制之道、富国之道、君臣之道、强国之道、礼乐之道。本书将逐一加以介绍和讨论。

荀子

荀子

劝学篇第一

本篇导读

荀子说学习，是说学习圣王之道。学圣王之道和我们一般学习万物的知识不同，万物的知识是人不能穷尽的，但圣王之道是人可以到达的，而且是人可以知道和可以实行的。人如果懂得对待自己和对待人的人伦关系，即是人在当下已到达这个圣王之道了，所以说人能自得自足。如果人时时能知道这个道，实行这个道，即是人随时能达到和能停止，步步能自得自足。所以这也是人能自得自足之道。但自得自足不是说人实行圣王之道有一个特定的休息地方，也不是说以实行某一个特定的言行法规而自足。荀子说学习，是要能够继续进行而不停止，所以求学的人要令今日所学的比以前所学的更进一步，有所增益，才是圣王之道。

君子曰：学不可以已。青，取之于蓝[1]，而青于蓝；冰，水为之，而寒于水。木直中绳，輮以为轮[2]，其曲中规，虽有槁暴[3]，不复挺者，輮使之然也。故木受绳则直，金就砺则利，君子博学而日参省乎己[4]，则知明而行无过矣。

注释

1 **蓝**：即蓼蓝，一年生草本植物，可提炼出深蓝色染料。

2 **輮**：通"煣"，用火熏烤使木材弯曲。

3 **有**：通"又"。**槁暴**：槁，通"熇"，烤。暴，古曝字，曝晒。

4 **参**：检验。

译文

君子说：学习是不可以停止的。青色的颜料是取自蓝草的叶，而比蓝草更加青绿。冰是由水变成的，而比水更寒冷。原本木材经绳墨校正，便是直的木材。但如果用火烘弯木材，作为轮子，弯曲度符合圆规的标准，即使木材再曝晒枯干，也不再变回挺直，这就是因为用火烘过木材而令它变成这样。所以木材经过绳墨校正便会挺直，刀剑用磨刀石磨过就会锋利，而君子多方面学习，每日检验反省自己，就会智慧高明而没有过失了。

赏析与点评

所谓蓝草和水，不一定专指人性，也不一定专指人所跟从学习的老师，而只是指总有人先已知道，先已做过，先已学习。而青色颜料和冰，是比喻人继承先人所知道，所实行，所学习的，进而再要求有所进益的学问。要求由学习而比先人进一步，这个要求自然包括跟从老师学习而知道古代先圣王的言行，再加以效法。再根据圣王言行，反省自己，变化自己原有的性，令自己有智慧和行为无过。这些比喻都是要求学的人令自己的生命和所知，变化到和圣王之道相同的意思。

学恶乎始[1]？恶乎终？曰：其数则始乎诵经[2]，终乎读《礼》；其义则始乎为士，终乎为圣人。真积力久则入。学至乎没而后止也[3]。故学数有终，若其义则不可须臾舍也。为之人也，舍之禽兽也。故《书》者、政事之纪也；《诗》者、中声之所止也[4]；《礼》者、法之大分，类之纲纪也。故学至乎《礼》而止矣。夫是之谓道德之极。《礼》之敬文也，《乐》之中和也，《诗》《书》之博也，《春秋》之微也[5]，在天地之间者毕矣。

注释

1 恶（wū）：“恶乎”表疑问，如何，怎样。

2 数：指学习的具体项目。

3 没：通“殁”，死亡。

4 中声：中和的声音。

5 微：微言大义。

译文

学习应怎样开始？怎样终结？答：学习的具体项目就是由读六经开始，最后是读《礼经》。学习的意义就是由做读书人开始，最后是做圣人。真正累积工夫长久，才能进入其中，学习直到死才停止。所以学习的项目会学尽，但学习的意义就不可以有片刻离开。做学习的工夫，是人，放弃学习就是禽兽。所以要学习《尚书》，是政治事情的记录。《诗经》，是中和声音的保存。《礼经》，是法制的重要成分，各类别项目的纲纪。所以学习要到《礼经》为止，这才是道德修为的极致。《礼经》尊敬文制，《乐经》中正和谐，《诗经》、《尚书》内容博大，《春秋》微言大义，天地之间的道理都在六经之中了。

赏析与点评

荀子所说的圣王之道，其实就是成就各类文化的人文世界之道。故而《劝学篇》说要做“真积力久”的工夫，直至死为止。因此求学的工夫，是人在生之时无时无刻不在做的，没有所谓停止。六经代表的就是人文世界中各个类别的内容，而其中最重要的是《礼经》。所以说荀子是最能肯定人文世界各类文化的思想家，而他所注重的也不只是经济和政治，与现代文化潮流有所不同。

君子之学也，入乎耳，箸乎心[1]，布乎四体，形乎动静。端而言[2]，蠕而动[3]，一可以为法则。小人之学也，入乎耳，出乎口；口耳之间，则四寸耳，曷足以美七尺之躯哉！古之学者为己，今之学者为人。君子之学也，以美其身；小人之学也，以为禽犊。故不问而告谓之傲[4]，问一而告二谓之囋[5]。傲、非也，囋、非也；君子如向矣[6]。

注释

1 箸：通“著”，附着。

2 端：通“喘”，微言。

3 蠕：微动。

4 傲：通“躁”，急躁。

5 囋（zá）：唠叨。

6 向：回声。

译文

君子的学习，要让道理进入耳中，存在心中，散布于手脚身体，表现成为动静行为。君子微言一句，稍微一动，都可以成为效法的准则。小人的学习，把道理听入耳中，就由口中出来，而口和耳之间，只不过四寸而已，怎能够令七尺的身躯美善呢！古代的求学者，学习是为了修养自己，现在的求学者，学习是做给他人看。君子的学习是要令自己美善，小人的学习则把学问视为如禽畜的外在财物。所以那些别人没有问就告诉自己晓得什么的人，就是急躁。那些别人问一件事，就告诉别人两件事的人，就是唠叨。急躁是错的，唠叨也是错的，君子应该好像回声应答别人才对。

赏析与点评

荀子提出了学习的目的有为人和为己的分别，学习是为了修养自己，还是为了让人看呢？现代人学习学问，很多时候就是为了让人看见自己懂得什么知识，有什么才能，以便谋得一份好工作。所以一定要有学位、文凭、证书等证明自己已学到了什么知识，这不就是“求学为人”吗？没有证书，只为修养自己的学问，便无人问津了。荀子说的分别，不是当头棒喝吗？

学莫便乎近其人。《礼》、《乐》法而不说，《诗》、《书》故而不切，《春秋》约而不速。方其人之习君子之说[1]，则尊以遍矣，周于世矣。故曰：学莫便乎近其人。

注释

1 方：通“仿”，仿效。

译文

学习没有比接近良师更方便的方法。《礼经》、《乐经》记载法制法度而没有详细说明，《诗经》、《尚书》记载往事而不切近现在，《春秋》文辞简约而不容易迅速明白。仿效良师而学习君子的学说，就能做到德行尊崇和认识广博了。所以说：学习没有比接近良师更方便的方法。

赏析与点评

荀子固然重视经典的知识，但他更重视老师的教导。圣人之道，是人格的教育、生命的教育。所以具体的言传身教，才是最直接真实的教导，这是由孔子而来的教学方法。荀子重视的各类人文世界的知识，也是要由老师来传授，不是由政治、经济来改变。所以文化是由师道传承，而非由政治经济推动。由文化传承而言，师道传统远比政治经济因素重要得多。

学之经莫速乎好其人[1]，隆礼次之。上不能好其人，下不能隆礼，安特将学杂识志，顺《诗》、《书》而已耳。则末世穷年，不免为陋儒而已。将原先王，本仁义，则礼正其经纬蹊径也。若挈裘领，诎五指而顿之[2]，顺者不可胜数也。不道礼宪，以《诗》、《书》为之，譬之犹以指测河也，以戈舂黍也，以锥餐壶也，不可以得之矣。故隆礼，虽未明，法士也；不隆礼，虽察辩，散儒也。

注释

1 经：通“径”。

2 诎：通“屈”，弯曲。顿：上下抖动。

译文

学习的途径没有比慕悦良师更快速的，其次才是尊崇礼法。如果向上不能慕悦良师，向下不能尊崇礼法，只不过是学懂了杂学知识，读顺了《诗经》、《尚书》而已。这样直至年老将死，也不免只是一个浅陋的读书人而已。如果要追寻古代圣王和仁义的本源，学习礼法正是必要经过的大小道路。学习礼法就好像提起皮裘的衣领，只要屈起五只手指，抖动衣服，不可胜数的皮毛就能理顺。不说礼法，只跟《诗经》、《尚书》而做，就好像比喻为用手指测量河流，用长戈来舂捣黍子，用锥子在饭壶中吃饭，都是不可以成功的。所以能够尊崇礼法，虽然未必完全明白礼法的意义，但最少是一个尊崇礼法的读书人。如果不尊崇礼法，即使明察善辩，也只是一个散乱的书生而已。

赏析与点评

荀子重视礼，认为人要学习礼，礼能统贯起各类人伦关系，所以礼就是所有学问的纲领，即读书不只是学知识，而是学做人。如果失去了读书的原本意义，即使是熟读经典、知识丰富的学者，仍只不过是浅陋的读书人。现代的读书人如果只追求专门实用的知识丰富，便是失去了纲领，未找到荀子说的读书最重要的意义。

百发失一，不足谓善射；千里跬步不至[1]，不足谓善御；伦类不通，仁义不一，不足谓善学。学也者，固学一之也。一出焉，一入焉，涂巷之人也[2]；其善者少，不善者多，桀、纣、盗跖也[3]；全之尽之，然后学者也。

注释

1 跬步：跬，行走时的步幅，即一步。步，左右脚各走一次，即两步。

2 涂：通“途”。

3 桀、纣、盗跖：桀，夏朝的暴君。纣，商朝的暴君。盗跖，春秋时传说中的大盗。

译文

射一百支箭，有一支不中，就不足以叫作善于射箭。驾车千里，有一两步未到达，也不足以叫作善于驾御。人伦类别不能贯通，仁义不能贯通为一，就不能叫作善于学习。学习，就是要学贯通为一。学习时，一时离开，一时进入，是一般途人的学习而已。由此而学到善的行为少，不善的行为多，就成为桀纣或盗跖了。如果能够完全尽善，才是真正善于学习的人。

君子知夫不全不粹之不足以为美也，故诵数以贯之，思索以通之，为其人以处之，除其害者以持养之。使目非是无欲见也[1]，使耳非是无欲闻也，使口非是无欲言也，使心非是无欲虑也。及至其致好之也，目好之五色，耳好之五声，口好之五味，心利之有天下[2]。是故权利不能倾也，群众不能移也，天下不能荡也。生乎由是，死乎由是，夫是之谓德操。德操然后能定，能定然后能应。能定能应，夫是之谓成人。天见其明，地见其光[3]，君子贵其全也。

注释

1 非是：不正确的。

2 利：贪。

3 光：通“广”。

译文

君子知道，学习不完全不纯粹，就不足以叫作美善。所以要由诵读多个经典而贯通，由思索而贯通，效法良师的为人而相处，除去有害的习惯，保持培养良好的德性。令眼睛，不正确的不想看见；令耳朵，不正确的不想听见；令嘴巴，不正确的不想说出；令人心，不正确的不想思虑。到了自己已经极为爱好礼义时，就好像眼睛爱好五色色彩，耳朵爱好五声音乐，嘴巴爱好五味味道，人心拥有天下一样。这时，权利不能令人倾倒，群众也不能令人心意移动，整个天下也不能令人动摇。生存时由礼义而行，死亡也是因为礼义，这就叫作道德情操。有道德情操，人才能够安定，能安定，人才能响应不同际遇。能够安定和响应，就叫作成人。天可见到光明，地可见到广阔，君子的可贵在于完全的德性。

赏析与点评

可见荀子说学习，是要学习六经，六经中特别重视礼，最后又归于跟从老师。学习向外贯通人伦类别，向内自备德性，是要完成学习完全的德性，即是圣人之学。礼是各种人伦关系的统贯，要合乎人情的仁，又要有分别事情的义。所以学礼可以统一仁义。学习又要接近有仁义的人，作为老师，才能成为真正君子。学习到最后为成人，那时就不是外力能动摇的，好像孔子的“匹夫不可夺志”，孟子的“富贵不能淫，贫贱不能移，威武不能屈”。这就是荀子的纯粹的学习，非今天只求职业知识的学习可同日而语。

修身篇第二

本篇导读

荀子《劝学篇》说学习是要求有所增益，假借外在的学问而成就内在的德性。由此可见荀子在《修身篇》说的修身之道，和孟子也有不同。孟子教人要自觉自己有四端之心，要自己加以扩充，是自己内心的工夫，不求之于外。但荀子就教人看见他人的行为而反省自己，进而要求自己修身，是可以由外在事物而做修身工夫的。

见善，修然必以自存也；见不善，愀然[1]必以自省也。善在身，介然必以自好也；不善在身，菑[2]然必以自恶也。故非我而当者，吾师也；是我而当者，吾友也；谄谀我者，吾贼也。故君子隆师而亲友，以致恶其贼。好善无厌，受谏而能诫，虽欲无进，得乎哉！小人反是：致乱而恶人之非己也；致不肖而欲人之贤己也；心如虎狼，行如禽兽，而又恶人之贼己也。谄谀者亲，谏诤者疏，修正为笑，至忠为贼，虽欲无灭亡，得乎哉！《诗》曰：『噏噏[3]呰呰[4]，亦孔[5]之哀。谋之其臧，则具是违；谋之不臧，则具是依。』此之谓也。

注释

1 愀（qiǎo）然：忧惧。

2 菑：通“灾”，灾害。

3 噏噏：通“吸吸”，吸取。

4 呰呰：通“訾訾”，诋毁。

5 孔：很。

译文

看见别人善的行为，一定会认为这个善行值得修养而把这善行自我保存起来。看见不善的行为，一定会心怀忧惧地自我反省。善的行为在自己身上，一定会坚定地自我爱好，不善的行为在自己身上，一定会认为是灾害而自己厌恶这些不善行为。所以，正当地指出我错误的人，是我的老师；正当地指出我对的人，是我的朋友；阿谀奉承我的人，是害我的盗贼。所以君子尊崇老师而亲近朋友，对盗贼则非常厌恶。爱好善良而不会满足，受到劝谏就能够警诫自己，即使想不进步，可能吗？小人则相反，自己非常混乱而厌恶别人指出自己的不对。自己非常无能而想别人说自己贤能。心意好像虎狼，行为好像禽兽，但又厌恶别人说自己是盗贼。亲近阿谀奉承的人，疏远诤谏的人，把修正自己的话视为讥笑，把最忠诚的人视为盗贼，即使想不灭亡，可能吗？《诗经》说："乱吸取诋毁，实在很悲哀。谋划美好的，全都违背了，谋划不好的，则全都依从。"就是说这些小人。

赏析与点评

荀子要人自己反省当下的自己，作为修身之道。要就别人对我的是非毁誉，做修身工夫。即是说要懂得就别人的善恶来反省自己。现代都市人非常重视别人的毁誉，这就是好名的根源。我们又是否能以荀子的态度来对待别人的毁誉呢？

扁[1]善之度，以治气养生，则后彭祖[2]；以修身自强[3]，则配尧禹。宜于时通，利以处穷，礼信是也。凡用血气、志意、知虑，由礼则治通，不由礼则勃乱提僈[4]；食饮、衣服、居处、动静，由礼则和节，不由礼则触陷生疾；容貌、态度、进退、趋行，由礼则雅，不由礼则夷固、僻违、庸众而野。故人无礼则不生，事无礼则不成，国家无礼则不宁。《诗》曰：『礼仪卒[5]度，笑语卒获。』此之谓也。

注释

1 扁：通“遍”。

2 彭祖：古代长寿的人，传说活了八百岁。

3 强：另作“名”。——编者注

4 勃：通“悖”。提：通“偍”，舒缓。僈：同“慢”。

5 卒：尽。

译文

如果做到完全善的法度，可以治理身体之气和养生，甚至长寿到可以仅次于彭祖。如果用修养自身来自强，就可以媲美圣王尧禹。适宜于通达时势，又有利于处身穷困，相信就是礼了。凡是使用身体血气、意志和思虑时，由礼义而行，就可以治理通达，如果不由礼义而行，就会悖乱怠慢。饮食、衣着、生活起居、动静行为，如果都由礼义而行，就能和顺有节制，如果不是由礼义而行，就会触犯毛病而生病。容貌、态度、进退、行走，由礼义而行便是文雅，不由礼义而行便是鄙陋、邪僻、庸俗而粗野。所以人没有礼义不能生活，事情没有礼义不能完成，国家没有礼义不能安宁。《诗经》说：“如果礼义完全合乎法度，就可以完全获得欢笑。”就是这个意思了。

赏析与点评

荀子认为治气养生之道，不外就是令自己的血气、志气、智虑、饮食、衣服、居处、动静、容貌、态度、进退、趋行，都合乎礼而要自己改正，这很明显是一套繁密的修身工夫。所以荀子说的学习，不只是知识，而是要具体实践的修身工夫。由此可见礼不是做给人看的，而是修养自己的工夫。

以善先人者谓之教，以善和人者谓之顺；以不善先人者谓之谄，以不善和人者谓之谀。是是、非非谓之知，非是、是非谓之愚。伤良曰谗，害良曰贼。是谓是，非谓非曰直。窃货曰盗，匿行曰诈，易言曰诞。趣舍无定谓之无常。保利弃义谓之至贼。多闻曰博，少闻曰浅。多见曰闲[1]，少见曰陋。难进曰偍，易忘曰漏。少而理曰治，多而乱曰秏[2]。

注释

1 闲：同“僩”，宽大广博。

2 秏：同“眊”，昏乱不明。

译文

用善行引导人叫作教导，用善行与人和谐相处叫作和顺。用不善引导人叫作谄媚，用不善来附和人叫作阿谀。对的就赞成，错的就反对，叫作知道，反对正确的，赞成错误的，叫作愚蠢。中伤贤良人的叫作谗言，陷害贤良人的叫作贼害。对的就说对，错的就说错，叫作正直。偷窃财物叫作盗贼，匿藏行径叫作欺诈，轻易乱说叫作荒诞。取舍不定叫作无常。为了保存利益而放弃礼义，叫作极致的大贼。多听闻叫作渊博，少听闻叫作浅薄。多见识叫作广博，少见识叫作鄙陋。难前进叫作缓慢，容易忘记叫作遗漏。少做事而有条理叫作治理，多做事而混乱叫作昏乱。

赏析与点评

荀子说人运用善和不善对人时，对人就有教、顺、谄、谀的分别，而对人善和不善有不同态度，就有知、愚、谗、贼、直、诈、诞的分别。这些都是高一层次的道德和不道德的区分。

治气养心之术：血气刚强，则柔之以调和；知虑渐深[1]，则一之以易良；勇胆猛戾，则辅之以道顺；齐给便利[2]，则节之以动止；狭隘褊小，则廓之以广大；卑湿、重迟、贪利，则抗[3]之以高志；庸众驽散，则劫之以师友；怠慢僄[4]弃，则炤[5]之以祸灾；愚款端悫[6]，则合之以礼乐，通之以思索。凡治气养心之术，莫径由礼，莫要得师，莫神一好。夫是之谓治气养心之术也。

注释

1 知：通“智”。渐：通“潜”。

2 齐给便利：都是敏捷快速的意思。

3 抗：提高。

4 僄（piào）：轻薄，轻浮。

5 炤：通“昭”，明白。

6 悫（què）：意为谨慎、诚实。

译文

治理身体之气和培养人心的方法是：如果是血气刚强的，就用调和态度来柔化他。思虑深沉的，就用简易善良来同化他。勇敢暴戾的，就用顺从道理来辅助他。行动敏捷急速的，就用动作静止来节制他。心胸狭隘气量小的，就用广大气量来廓张他。卑下、迟缓、贪利的，就用高大志向提高他。平庸散漫的，就由师友来管教他。怠慢轻浮自弃的，就用灾祸来令他明白。愚钝朴实端庄拘谨的，就用礼乐来配合他，用思索来令他通达。凡是治理身体之气和培养人心的方法，没有比由礼义入手更直接的，没有比得到老师更重要的，没有比一心爱好礼义更神妙的。这就叫作治理身体之气和培养人心的方法了。

赏析与点评

荀子又说治气养心之术，是要变化气质，而最好是从礼义和老师身上来学习。

志意修则骄富贵，道义重则轻王公；内省而外物轻矣。传曰：『君子役物，小人役于物。』此之谓矣。身劳而心安，为之；利少而义多，为之；事乱君而通，不如事穷君而顺焉。故良农不为水旱不耕，良贾不为折阅[1]不市，士君子不为贫穷怠乎道。

注释

1 折：亏损。阅：卖。

译文

修养好人的意志，就能够傲视富贵。注重道义，就能够轻看君王诸侯。能够内在自我反省，就觉得外物很不重要了。古书说："君子役使事物，小人被事物役使。"就是这个意思了。身体劳累但心中安乐的事，应该做；利益少但公义多的事，应该做；侍奉昏乱君主而显达，不如侍奉穷困君主而顺行道义。所以优良的农夫不会因为水旱而不耕作，优良的商人不会因为亏损而不做买卖，读书人君子不会因为贫穷而怠慢行道。

赏析与点评

荀子认为君子能够轻视外物、富贵、名位，就是要做修养意志和重视道义的工夫。

体恭敬而心忠信，术[1]礼义而情爱人；横行天下，虽困四夷，人莫不贵。劳苦之事则争先，饶乐之事则能让，端悫诚信，拘守而详；横行天下，虽困四夷，人莫不任。体倨固而心执[2]诈，术顺墨[3]而精杂污；横行天下，虽达四方，人莫不贱。劳苦之事则偷儒[4]转脱，饶乐之事则佞兑[5]而不曲，辟违[6]而不悫，程役而不录[7]；横行天下，虽达四方，人莫不弃。

注释

1 术：通“述”，遵循。

2 执：应是“势”，谋略，引申为狡诈。

3 顺墨：顺，应是“慎”，指慎到，战国时道家思想家。墨，墨子。

4 儒：通“懦”，怕事，懒惰。

5 佞：好口才。兑：通“锐”，锐利，也是好口才。

6 辟：通“僻”，邪恶。违：邪恶。

7 程役：通“逞欲”。录：检束。

译文

身体恭敬而内心有忠信，遵循礼义而感情是爱人的，横行天下，虽然会被四方夷族围困，但没有人不尊崇他。遇到劳苦的事会争先而做，遇到享乐的事能够让给他人，端庄谨慎诚信，谨守而明白礼义，横行天下，虽然会被四方夷族围困，但没有人不信任他。身体傲倨固执而内心狡诈，遵从慎到、墨子而精神杂乱污秽，横行天下，虽然显达四方，但没有人不贱视他。遇到劳苦的事，就偷懒转身逃脱，遇到享乐的事，就口快不转弯地直接争取，邪恶而不谨慎，放纵欲望而不检束，横行天下，虽然显达四方，但没有人不离弃他。

赏析与点评

如果做到身体外貌和内心都合乎礼义，就能行于天下四方。

君子之求利也略，其远害也早，其避辱也惧，其行道理也勇。君子贫穷而志广，富贵而体恭，安燕[1]而血气不惰，劳倦而容貌不枯，怒不过夺，喜不过予。君子贫穷而志广，隆仁也；富贵而体恭，杀[2]势也；安燕而血气不惰，柬理也；劳倦而容貌不枯，好交[3]也；怒不过夺，喜不过予，是法胜私也。《书》曰：『无[4]有作好，遵王之道。无有作恶，遵王之路。』此言君子之能以公义胜私欲也。

注释

1 燕：通“宴”，安逸。

2 杀：减少。

3 交：应作“文”，文雅。

4 无：通“毋”，不。

译文

君子追求利益会有所忽略，但很早就会远离祸害。君子会惶恐地避开耻辱，但实行礼义的道理则很勇敢。君子即使贫穷也志气广远，即使富贵也会身体恭敬，即使安逸，血气也不会怠惰，即使劳累，容貌也不会干枯，即使发怒，也不会过分剥夺别人，即使喜乐，也不会过分给予别人。君子贫穷而志气广远，因为尊崇仁德；富贵而身体恭敬，因为要减弱威势；安逸而血气不衰，因为选择了跟从理；劳累而容貌不干枯，因为爱好文雅；发怒而不过分剥夺，喜乐不会过分给予，就是礼法胜过私欲。《尚书》说：“不要有私人的爱好，要遵行圣王之道。不要有私人的厌恶，要遵行圣王之路。”这是说君子能够用公义胜过私欲。

赏析与点评

《修身篇》最后说君子贫穷而志广，富贵而体恭，安逸而血气不惰，劳倦而容貌不枯，可见君子的尊崇仁义而减杀威势，以公义胜私欲。这就是君子修身工夫所成就的德性，表现在客观社会之中。可见荀子所说不只个人内心修德，也会肯定客观社会的表现，但不是追求权势、名位、富贵，和现代社会所注重的成就价值不同。

不苟篇第三

本篇导读

荀子认为君子对于自己的言行如何选择，如何权衡是非利害，表现在客观世界中，是要和世人或小人有所不同的。但不是直接标奇立异，只求出名。注重区别是非，权衡利害，原本是墨家所要求的，但墨家的目的是要建立天下的公义，追求天下的公利，去除天下的公害，目的和荀子不同。《不苟篇》目的是要人在区别权衡是非利害之间，令自己成为君子，而在客观世界之中又有君子的表现。荀子说不以不正当但难得的才能为可贵，不以不正当但明察的学说为可贵，不因此而标奇立异。这说法就和道家的陈仲、史鳅、惠施、邓析等人要求言行异于世人有所不同。道家很多人物都要求由世间隐退，和世俗人不同。荀子说的君子由一开始就不是要求言行和世人不同，而是要有和世俗人不同的德行，所以荀子和道家之徒不同。

君子行不贵苟[1]难，说不贵苟察，名不贵苟传，唯其当之为贵。故怀负石而投河，是行之难为者也，而申徒狄[2]能之；然而君子不贵者，非礼义之中也。『山渊平』，『天地比』，『齐秦袭』，『入乎耳，出乎口』，『钩有须』，『卵有毛』[3]，是说之难持者也，而惠施邓析[4]能之。然而君子不贵者，非礼义之中也。盗跖吟口[5]，名声若日月，与舜禹俱传而不息；然而君子不贵者，非礼义之中也。故曰：君子行不贵苟难，说不贵苟察，名不贵苟传，唯其当之为贵。《诗》曰：『物其有矣，唯其时矣。』此之谓也。

注释

1 苟：苟且，不正当。

2 申徒狄：商朝人，因为道之不行，而抱石投河自杀。

3 山渊平，天地比，齐秦袭，入乎耳，出乎口，钩有须，卵有毛：都是名家在概念上标奇立异的说法。比，相等。袭，连合。钩，通“姁”，妇女。

4 惠施邓析：二人皆为春秋战国时名家人物。

5 吟口：说于众人之口。

译文

君子对于不正当但难得的行为并不认为尊贵，对于不正当但能明察的学说并不认为尊贵，对不正当但流传的名声并不认为尊贵，只把正当的视为尊贵。所以虽然怀抱石头而投河自杀，是很难做到的行为，而申徒狄能够做到，但君子不认为是尊贵的，因为不是在礼义之中。高山和深渊相等，天和地相等，齐国和秦国相连，由耳朵进入，由嘴巴出，女子有须，蛋有毛，都是很难把握的学说，而惠施和邓析能够把握，但君子并不认为尊贵，因为不是在礼义之中。众人口中都会说盗跖，盗跖的名声好像日月，盗跖的名字和舜帝禹帝的名字一起流传不息。但君子不尊贵盗跖，因为不在礼义之中。所以说君子对于不正当但难得的行为并不认为尊贵，对于不正当但明察的学说并不认为尊贵，对于不正当但流传的名声并不认为尊贵，只把正当的视为尊贵。《诗经》说：“事物已经有了，但要在适当时候。”就是这个意思了。

赏析与点评

荀子并不认为明察有辩才，或者能人所不能的人，就能做君子。君子并不认为这些与众不同而著名的人是尊贵的。可见荀子重视的不只是能力，更重视德行。这不是很值得我们注重训练各项能力的现代都市人反省吗？

君子能亦好，不能亦好；小人能亦丑，不能亦丑。君子能则宽容易直以开道人，不能则恭敬𬙊[1]绌以畏事人；小人能则倨傲僻违以骄溢人，不能则妒嫉怨诽以倾覆人。故曰：君子能则人荣学焉，不能则人乐告之；小人能则人贱学焉，不能则人羞告之。是君子小人之分也。

注释

1 𬙊（zǔn）：通“撙”，节制。——编者注

译文

君子有才能是美好的，没有才能也是美好的；小人有才能是丑恶的，没有才能也是丑恶的。君子有才能就会宽容平易正直地开导别人，没有才能就会恭敬谦逊地以敬畏侍奉别人。小人有才能就会傲倨邪僻违理地以骄气凌驾别人，没有才能就会嫉妒怨恨诽谤以倾覆别人；所以说：君子有才能，别人学习他也觉光荣，没有才能，别人也会乐于告诉他应怎样做；小人有才能，别人学习他也觉卑贱，没有才能，别人也耻于告诉他怎样做。这就是君子小人的分别了。

赏析与点评

君子也会是平凡的，小人也会有能干的，荀子认为君子小人的分别，不是有才能与否。可见荀子重视德性的价值高于才能的价值。

君子崇人之德，扬人之美，非谄谀也；正义[1]直指，举人之过，非毁疵也；言己之光美，拟于舜禹，参[2]于天地，非夸诞也；与时屈伸，柔从若蒲苇，非慑怯也；刚强猛毅，靡[3]所不信[4]，非骄暴也；以义变应，知当曲直故也。诗曰：『左之左之，君子宜之；右之右之，君子有之。』此言君子能以义屈信变应故也。

注释

1 义：通“议”。

2 参：并列。

3 靡：无。

4 信：通“伸”。

译文

君子尊崇别人的德行，赞扬别人的美德，并不是谄谀别人。君子正义地议论，正直地指出，举出别人的过错，并不是要诋毁别人。君子说自己的光辉美德，可以比拟舜禹，和天地并列，并不是夸张荒诞。君子随时势屈伸，柔弱顺从的时候好像蒲苇草，并不是懦弱胆怯，刚强勇猛坚毅时，没有不伸直的，并不是骄横暴躁。而是因正义而应变，知道恰当时候要有曲直的缘故。《诗经》说：“应该左就在左，君子适宜在左，应该右就在右，君子有时在右。”这是说君子因正义而屈伸应变的缘故。

赏析与点评

荀子认为君子应有所为，有所不为。而所为的有些好像错的，其实是对的。君子是要能因时势而应变的。所以君子不是死守一些道德规条，不加变通的顽固分子。

君子小人之反也：君子大心则敬天而道，小心则畏义而节；知则明通而类，愚则端悫而法；见由则恭而止，见闭则敬而齐；喜则和而理，忧则静而理；通则文而明，穷则约而详。小人则不然：大心则慢而暴，小心则淫而倾；知则攫[1]盗而渐，愚则毒贼而乱；见由则兑[2]而倨，见闭则怨而险；喜则轻而翾[3]，忧则挫而慑；通则骄而偏，穷则弃而儑[4]。传曰：『君子两进，小人两废。』此之谓也。

注释

1 攫：强夺。

2 兑：通"悦"。

3 翾（xuān）：通"懁"，急。

4 儑（án）：人格卑下。

译文

君子是小人的相反。君子扩大仁心，就会尊敬天而行道，即使小小的仁心也会敬畏礼义而加以节制。君子有智慧的就会贯通各类，愚钝的也会端正拘谨而合乎法度。君子如果被起用就会恭敬而不放纵，不被起用就会恭敬而整齐自己。君子如果喜乐就会和谐而有条理，忧虑就会安静而整理自己。君子如果显达就会实行文制而推广，穷困就会简约生活而详细研究道理。小人就不是这样，心意扩大就会傲慢而暴躁，心意细小就会淫邪而偏侧。小人有智慧的就会抢夺偷盗而有计划，愚钝的就会恶毒残忍而混乱。小人如果被起用就会喜悦而傲倨，不被起用就会怨恨而险恶。如果欢喜就会轻浮而急躁，忧虑就会感到受挫而胆怯。小人如果显达就会骄傲而偏侧，穷困就会放弃而走向卑下。古书说："君子在两种情况下都会进步，小人在两种情况下都会堕落。"就是这个意思。

赏析与点评

君子是小人的相反。不同情况君子会作出适当的应变，表现的是道德价值，和小人表现的个人利益价值是不同的。

君子治治，非治乱也。曷谓邪？曰：礼义之谓治，非礼义之谓乱也。故君子者，治礼义者也，非治非礼义者也。然则国乱将弗治与？曰：国乱而治之者，非案[1]乱而治之之谓也。去乱而被之以治。人污而修之者，非案污而修之之谓也，去污而易之以修。故去乱而非治乱也，去污而非修污也。治之为名，犹曰君子为治而不为乱，为修而不为污也。

注释

1 案：通“按”，根据。

译文

君子治理应治理的国家，不治理混乱的国家。这是什么意思呢？答：有礼义的国家叫作应治理的国家，违反礼义的国家叫作混乱的国家。而君子是治理礼义的人，不是治理违反礼义的人。但如果国家混乱就不治理吗？答：国家混乱而治理，不是根据混乱而治理的意思，而是要去除混乱而加以治理。人污浊而加以修养，不是根据污浊而修养的意思，是要去除污浊而加以修养改变。所以君子是去除混乱而不是治理混乱，去除污浊而不是修养污浊。治理的名称，就是说君子做的是治理而不是混乱，做修养而不做污浊。

赏析与点评

荀子认为治理国家是要令人民生活有条理，这就要由最根本的道德修养做起，才可以去除污浊混乱，而不是只用武力禁止混乱就叫作治理。

君子养心莫善于诚，致诚则无它事矣。唯仁之为守，唯义之为行。诚心守仁则形，形则神，神则能化矣。诚心行义则理，理则明，明则能变矣。变化代兴，谓之天德。天不言而人推高焉，地不言而人推厚焉，四时不言而百姓期焉。夫此有常，以至其诚者也。君子至德，嘿[1]然而喻，未施而亲，不怒而威：夫此顺命，以慎其独者也。善之为道者，不诚则不独，不独则不形，不形则虽作于心，见于色，出于言，民犹若[2]未从也；虽从必疑。天地为大矣，不诚则不能化万物；圣人为知矣，不诚则不能化万民；父子为亲矣，不诚则疏；君上为尊矣，不诚则卑。夫诚者，君子之所守也，而政事之本也，唯所居以其类至。操之则得之，舍之则失之。操而得之则轻，轻则独行，独行而不舍，则济[3]矣。济而材尽，长迁而不反其初，则化矣。

注释

1 嘿：同“默”。

2 若：然。

3 济：完成。

译文

君子要修养仁心，没有比真诚更好的做法，做到真诚就没有其他事做了。只要守住仁心，只要实行礼义。以真诚的心守住仁心就会把仁心表现出来，仁心表现出来就是神妙，神妙就能化育万物。真诚的心实行礼义就有条理，有条理就会光明，有光明就能变化万物。变化万物轮流兴起，叫作天德。天不说话，而人会把天推崇为高，地不说话，而人会把地推崇为厚，四季不说话，而百姓都知道四季的时节。这些表现都有常道，因为人有真诚的心。君子有极致的德行，所以不说话而别人明白，没有施予而别人会亲近，没有发怒而会有威严。这就是顺从天命，因为君子一个人的时候会谨慎。善良而实践天道的人，不真诚就不会谨慎个人，不谨慎个人就不会表现出来。如果不表现出来，虽然心中有意念，表现在脸色上，表现在言语上，但人民仍然会不跟从。即使跟从，也一定会有疑虑。天地那么大，不真诚就不能化育万物。圣人那么有智慧，不真诚就不能化育万民。父子那么亲，不真诚就会疏离。君主那么尊贵，不真诚就会变成卑下。所以真诚，是君子所持守的，是治理政事的根本，只有居于真诚，同类才会来到。要有真诚，实践就得到，舍弃就会失去。实践而得到真诚就感觉容易，感觉容易就会谨慎个人行为，谨慎个人行为而不放弃，就能完成实践了。实践真诚完成，就能够发挥才能，可以长期离开恶习而不会返回初时的习性，这样就能够教化万民了。

赏析与点评

这段文字专门说君子养心，最重要是诚。这是儒家的共同义理，后来宋明理学的学说也是说这个诚。诚的工夫修养得好，可以贯通天道和人道，荀子这里已有说明。

欲恶取舍之权[1]：见其可欲也，则必前后虑其可恶也者；见其可利也，则必前后虑其可害也者，而兼权之，孰[2]计之，然后定其欲恶取舍。如是则常不失陷矣。凡人之患，偏伤之也。见其可欲也，则不虑其可恶也者；见其可利也，则不虑其可害也者。是以动则必陷，为则必辱，是偏伤之患也。

注释

1 权：权衡。

2 孰：同“孰”。

译文

追求和厌恶、争取和放弃的权衡是下面这样的：看见想追求的事物，一定会前后思虑它有没有可厌恶的地方。看见有利的事物，一定会前后思虑它有没有害处。同时权衡两者，深思熟虑，然后才决定追求或厌恶、争取或放弃。这样就不会时常失陷在物欲之中。一般人的祸患，在于偏侧而有所伤害。看见想追求的事物，不思虑它可厌恶的地方。看见有利的事物，不思虑它的害处。所以有活动就一定失陷，有作为就一定受辱，这就是偏侧伤害的祸患。

赏析与点评

这是总结君子在言行的选择取舍，权衡是非利害，而表现在客观世界之中时，要深思熟虑才不会有所偏侧。

荣辱篇第四

本篇导读

荣辱的问题关连到别人对我的是非、毁誉和世间的利害、得失而言，是人生中不能避免的问题。孔子说：君子求诸己，小人求诸人。又说：不义而富且贵，于我如浮云，都是说人不可以太过重视世间的荣辱。《荣辱篇》专门就人追求荣誉、厌恶耻辱来说。君子追求的是礼义的荣誉，但也常常可以引致时势的荣誉，以致两种荣誉都可得到，这就合乎道。小人只追求时势的荣誉，不避开礼义的耻辱，而礼义的耻辱又常常引致时势的耻辱，所以礼义和时势两者的荣誉都不可得到，这就不合乎道。而君子追求礼义的荣誉之道，最后的目的是为了天下万民。所以说荀子的荣辱之道，可以贯通中国古今儒家的治道。

憍泄[1]者，人之殃也；恭俭者，偋[2]五兵也。虽有戈矛之刺，不如恭俭之利也。故与人善言，暖于布帛；伤人之言，深于矛戟。故薄薄[3]之地，不得履之，非地不安也，危[4]足无所履者，凡在言也。巨涂则让[5]，小涂则殆，虽欲不谨，若云不使。

注释

1 憍：通“骄”，自高自大。泄：通“媟”，轻慢。

2 偋：通“屏”，去除。

3 薄薄：磅礴。

4 危：高。

5 涂：通“途”。让：通“攘”，拥挤。

译文

骄傲轻慢，是人的害殃；恭敬谦虚，可以摒除兵战之祸。虽然有戈和矛的利刺，但都不及恭敬和谦虚有利。所以给人说善良的话，比布帛衣服还暖；说伤害人的话，比矛和戟刺得更深。所以在磅礴的大地上，却不能踏足上面，不是因为大地不安稳，危险而无法踏足，全是因为言语不当。巨大的路途也有拥挤时，细小的路途也有危险，所以即使想不谨慎，也好像不能不谨慎。

赏析与点评

《荣辱篇》说的问题是：别人对我有是非毁誉，而我在世间有荣辱，我应如何对待？但在说这问题之前，首先指出，我自己又应该怎样给别人是非毁誉。正确的态度是：给人善良的话，等于送人温暖，说伤害人的话，等于刺伤别人。可见毁誉荣辱问题对人有很大影响。

斗者，忘其身者也，忘其亲者也，忘其君者也。行其少顷之怒，而丧终身之躯，然且为之，是忘其身也；家室立残，亲戚不免乎刑戮，然且为之，是忘其亲也；君上之所恶也，刑法之所大禁也，然且为之，是忘其君也。忧忘其身，内忘其亲，上忘其君，是刑法之所不舍也，圣王之所不畜也。乳彘[1]不触虎，乳狗不远游，不忘其亲也。人也，忧忘其身，内忘其亲，上忘其君，则是人也，而曾狗彘之不若也。

注释

1 乳彘：哺乳的母猪。

译文

争斗的人，忘记了自己的身体，忘记了自己的亲人，忘记了自己的君主。发出一时的愤怒，丧失了终身的形躯，但仍然要做，就是忘记自己的身体。自己的家庭会立刻摧残，亲戚都不免受刑戮，但仍然要做，就是忘记自己的亲人。君主厌恶争斗，争斗是法制大力禁止的，但仍然要做，就是忘记自己的君主。就自我担忧而言，是忘记了自己的身体，就家庭内部而言，是忘记了自己的亲人，就对上位者而言，是忘记了君主，这是刑法不会放弃的，圣王不容的。哺乳的母猪不会接触老虎，哺乳的母狗不会远游他方，就是不忘记自己的亲人。而人，就自我担忧而言，忘记自己的身体，就家庭内部而言，忘记自己的亲人，就上位者而言，忘记自己的君主，这些人就是猪狗也不如了。

赏析与点评

荀子认为人自以为对，结果受辱，是因为将对和错混淆了。人执着于自己而和人斗争，只是小人，猪狗也不如。为了自己而斗争并不是君子行为，只是动物性的冲动而已，君子不以此为荣。

荣辱之大分，安危利害之常体：先义而后利者荣，先利而后义者辱；荣者常通，辱者常穷；通者常制人，穷者常制于人：是荣辱之大分也。材[1]悫者常安利，荡悍者常危害；安利者常乐易，危害者常忧险；乐易者常寿长，忧险者常夭折：是安危利害之常体也。

注释

1 材：通“才”。

译文

荣誉和耻辱的最大分别，就安危利害的平常情况而言，先实行礼义然后有利，就是荣誉。先求有利然后才实行礼义，就是耻辱。有荣誉的人常常都是显达的，有耻辱的人常常都是穷困的。显达的人常常都是管制别人的人，穷困的人常常都是受人管制的。这是荣誉和耻辱的重要分别。有才能而谨慎的人常常安全而有利，放荡凶悍的人常常有危险和害患。安全而有利的人常常快乐轻松，有危险和祸患的人常常担忧危险。快乐轻松的人常常长寿，担忧危险的人常常夭折。这是安危利害的平常情况。

赏析与点评

君子追求的是勇于做礼义行为，这种勇气是求诸己，不是求诸人的。如果自己做到先礼义而后有利，就是荣誉，先求有利而才做礼义行为，就是耻辱。这是人内在的荣辱，这才是荀子重视的荣辱，一般世间外在的荣辱，不是荀子所注重的。但我们不是都很看重外在的荣辱，而总是忽视了内在的荣辱吗？

材性知能[1]，君子小人一也；好荣恶辱，好利恶害，是君子小人之所同也；若其所以求之之道则异矣：小人也者，疾为诞而欲人之信己也，疾为诈而欲人之亲己也，禽兽之行而欲人之善己也；虑之难知也，行之难安也，持之难立也，成则必不得其所好，必遇其所恶焉。故君子者，信矣，而亦欲人之信己也；忠矣，而亦欲人之亲己也；修正治辨[2]矣，而亦欲人之善己也；虑之易知也，行之易安也，持之易立也，成则必得其所好，必不遇其所恶焉。是故穷则不隐，通则大明，身死而名弥白。小人莫不延颈举踵而愿曰：『知虑材性，固有以贤人矣。』不知其与己无以异也。则君子注错之当，而小人注错[3]之过也。故孰[4]察小人之知能，足以知其有余，可以为君子之所为也。譬之越人安越，楚人安楚，君子安雅。是非知能材性然也，是注错习俗之节异也。

注释

1 知：通“智”。

2 辨：通“办”，治理。

3 注：投。错：通“措”，安排。

4 孰：通“熟”。

译文

材质、本性、智慧、能力，君子小人同样拥有。爱好荣誉，厌恶耻辱，爱好利益，厌恶灾害，是君子小人相同的。但他们追求的途径就不同了。小人，快速说出荒诞的话，而想别人相信自己；快速做出欺诈行为，而想别人亲近自己；自己做出禽兽的行为，而想别人善待自己。这样的思虑很难有智慧，这样的行为很难安心，这样的持守很难建立。完成行为后也不一定得到他所爱好的，但却一定会遇到他所厌恶的。而君子实践诚信，也是想别人相信自己；君子实践忠诚，也是想别人亲近自己；君子修养正直和治理办事，也是想人善待自己。这样的思虑容易有智慧，这样的行为容易安心，这样的持守容易建立。完成实践后就一定得到他所爱好的，一定不会遇到他所厌恶的。所以君子穷困也不会隐没，显达就会大放光明，身体死了而名声会更加光耀。小人没有不伸颈踮脚而祝愿：“我的智慧、思虑、材质、本性，一定比别人贤能。”小人不知道君子和自己没有不同，只是君子措置恰当，而小人措置错误。所以观察小人的智慧才能，就足以知道他的智慧才能是有余的，可以做君子所做的行为。好像越国人安于越国，楚国人安于楚国，君子则安于礼义的文雅。这不是智慧、才能、材质、本性令人变成这样，而是措置、习俗的节制不同而已。

赏析与点评

荀子认为人好荣恶辱的欲望是天生的。既是天生，即君子小人是相同的。但君子小人的分别，不在于好荣恶辱欲望有多少，而在于欲望是不是合乎道，合乎礼义，是不是正当的。君子小人的分别不是在好荣恶辱，而是在于所得的荣誉利益是不是合乎礼义。

人之情，食欲有刍豢，衣欲有文绣，行欲有舆马，又欲夫余财蓄积之富也；然而穷年累世不知不足，是人之情也。今人之生也，方知畜鸡狗猪彘，又畜牛羊，然而食不敢有酒肉；余刀布，有囷窌[1]，然而衣不敢有丝帛；约者有筐箧之藏，然而行不敢有舆马。是何也？非不欲也，几不长虑顾后，而恐无以继之故也？于是又节用御欲，收敛蓄藏以继之也。是于己长虑顾后，几不甚善矣哉！今夫偷生浅知之属，曾此而不知也，粮食太侈，不顾其后，俄则屈安[2]穷矣。是其所以不免于冻饿，操瓢囊为沟壑中瘠[3]者也。况夫先王之道，仁义之统，《诗》、《书》、《礼》、《乐》之分[4]乎！彼固为天下之大虑也，将为天下生民之属，长虑顾后而保万世也。其流长矣，其温[5]厚矣，其功盛姚[6]远矣，非顺孰[7]修为之君子，莫之能知也。故曰：短绠[8]不可以汲深井之泉，知不几者不可与及圣人之言。夫《诗》、《书》、《礼》、《乐》之分，固非庸人之所知也。故曰：一之而可再也，有之而可久也，广之而可通也，虑之而可安也，反鈆察之而俞[9]可好也。以治情则利，以为名则荣，以群则和，以独则足，乐意者其是邪！

注释

1 囷（qūn）：谷仓。窌（jiào）：地窖。

2 屈：竭尽。安：语助词。

3 瘠：通“胔”，尸体。

4 分：义理。

5 温：通“蕴”。

6 姚：通“遥”。

7 孰：通“熟”，熟悉。

8 绠（gěng）：短绳。

9 鈆：通“沿”，遵从。俞：通“愈”。

译文

人之常情，是想吃美味的食物，想穿绣有花纹的衣服，出行想有车马，又想积蓄有余的财富，而穷年累月地觉得自己不知和不足，这是人之常情。现在人的生活，才知道畜养鸡狗和猪，又畜养牛羊，但平时饮食不敢吃酒肉，钱币有余，有谷仓地窖，但不敢穿着丝绸布帛。俭约的人有一筐筐的收藏，但出行不敢有车马。为什么呢？他们不是不想，不就是因为顾虑长久之后，而恐怕无以为继的缘故吗？于是他们节约使用，控制欲望，收敛积蓄贮藏，作为后继之用。这就是对于自己的长远顾虑，这不是很好吗？现在偷生浅薄的人，曾经这样有余而不知俭约，粮食太浪费，不顾虑后来，不久就耗尽而变成穷困。这是他们之所以不免要挨冻挨饿，拿着瓢和布囊而成为沟壑中的尸体。何况现在说的是先王之道，仁义的传统，《诗经》、《尚书》、《礼经》、《乐经》的义理。先王之道是为了天下而作重大思虑，为了天下人民作长远顾虑而保存至万世。先王之道流传长久，蕴积深厚，功绩盛大遥远，不是顺着和熟识而修为这个道的君子，则是不能知道的。所以说：短绳不可以吸取深井中的泉水，不知道重要的意义就不能够明白圣人的话。《诗经》、《尚书》、《礼经》、《乐经》的义理，不是平庸人所知道的。所以说：明白一个道，就可以明白第二个，明白了就可以长久，推扩这个道就可以贯通其他，思虑这个道就可以安心，返回遵循先王之道就愈爱好它。用来治理情欲就有利，由此而有名声就是荣誉，用来和群众相处就和谐，用来独处就可以满足，乐意就是这样了！

赏析与点评

荀子说君子求荣誉，不是为了自己，而是要存心于先王之道、仁义之统。为了天下生民长远考虑，保存万世。这是最大的荣誉，这是要君子先去除了自利之心。由这个意义来说，君子只见礼义的荣誉，完全没有自利的意义，这才是荀子说荣辱的最高意义。看现在的为政者，很多都只想着自己的名声权力，失去了先王之道、仁义之统，都不是君子之道。

非相篇第五

本篇导读

荀子在前四篇中，说学习做君子和圣贤之道。接下来的四篇则说，学习可以贯通到治理天下的王道。《非相篇》说人之所以为人，不是在于人的形相，而是人心能辨别。能辨别，即要能够分辨人与人之间的人伦关系或礼义关系，再合一为统一之道，贯通到古今治乱之道。

故相形不如论[1]心，论心不如择术；形不胜心，心不胜术；术正而心顺之，则形相虽恶而心术善，无害为君子也。形相虽善而心术恶，无害为小人也。君子之谓吉，小人之谓凶。故长短小大，善恶形相，非吉凶也。古之人无有也，学者不道也。

注释

1 论：考察。

译文

看人看他的外貌不如看他的内心，看内心不如看他的辨别之术。外貌不及内心重要，内心不及辨别之术重要。辨别之术正确，内心又能安顺于这种术，外貌虽然丑恶，但心和术都是善的，无损他作为一个君子。外貌虽然美善，但心和术都恶，无损他作为一个小人。成为君子叫作吉，成为小人叫作凶。所以形相长短大小，外貌的善恶，不是真正的吉凶。古圣贤没有这种只看外貌的看法，求学者也不会讨论这个标准。

赏析与点评

荀子认为人之所以为人，不在于外貌形相，而在于人心能辨别。孟子着重说人内在的本心，而荀子则注重能辨别。所谓“择术”，即是辨别之道。择术是要辨别人与人之间关系的分别，是要人在人与人之间尽人伦之道，尽礼义之道。人伦礼义之中，有各种应该分辨之道，合起来，就是贯通古今之道。这个道可以由圣王的制度而知道，所以下文再说圣王之道。

辨莫大于分[1]，分莫大于礼，礼莫大于圣王；圣王有百，吾孰法焉？曰：文久而灭，节族[2]久而绝，守法数之有司，极礼而褫[3]。故曰：欲观圣王之迹，则于粲然者矣，后王是也。彼后王者，天下之君也；舍后王而道上古，譬之是犹舍己之君，而事人之君也。故曰：欲观千岁，则数今日；欲知亿万，则审一二；欲知上世，则审周道；欲知周道，则审其人所贵君子。故曰：以近知远，以一知万，以微知明，此之谓也。

注释

1 分：名分。

2 族：通奏，节“奏”。

3 褫（chǐ）：脱。

译文

辨别事物没有比名分重要的，名分没有比礼义重要的，礼义没有比学习圣王更重要的。圣王有百多人，我们要学习谁呢？答：礼义的文制已消灭了很久，礼义的音乐节奏已绝迹了很久，守护法制的官员有司，也远离礼制而脱节了。所以说：想看圣王的痕迹，而又能表现出光明的，就是后来的圣王周天子了。后来的圣王，就是天下的君主，放弃后王而说上古圣王之道，就好像放弃自己的君主而侍奉别人的君主。所以说想看一千年以前的事，就要看今日的君主，想知道亿万有多少，就要仔细由一二数起。想知道上古世代的事，就要详细由周朝治国之道开始，想知道周朝治国之道，就要仔细看周朝所尊贵的君子。所以说由近而知远，由一而知万，由微小而知光明，就是这个意思了。

赏析与点评

根据后王周天子的礼制，可见这个制度，粲然可观，考察这个制度，就更加容易了解圣王之道。荀子是肯定周代的礼义制度，而这个制度的基础是圣王之道，圣王的基础是德性。所以并非只是守着古圣王留下礼制的痕迹，就知圣王之道，更要知圣王之人和他的德性。制度最后的目的是人的德性，这不是很值得有千百种制度的我们参考吗？

夫妄人曰：『古今异情，其所以治乱者异道。』而众人惑焉。彼众人者，愚而无说，陋而无度者也。其所见焉，犹可欺也，而况于千世之传也？妄人者，门庭之间，犹可诬欺也，而况于千世之上乎？

译文

那些无知的人说：古今的情况不同，古今圣人治乱之道也不同。于是听到的众人就迷惑了。这些众人，愚昧而没有什么说法，浅陋而没有法度。他们亲眼看见圣人，都可以被人欺骗，何况圣人是千年前的流传呢？无知的人，只不过是在门庭之间的人，都可以欺骗人，何况圣人是千年前的人呢？

赏析与点评

荀子认为就具体情况而言，古今是不同的，但其中治乱之道是贯通的。这就要人由古今的事情中，讨论判断，才可以认识这个治乱之道。

圣人何以不可欺？曰：圣人者，以己度者也。故以人度人，以情度情，以类度类，以说度功，以道观尽，古今一度也。[1]类不悖，虽久同理，故乡[2]乎邪曲而不迷，观乎杂物而不惑，以此度之。五帝之外无传人，非无贤人也，久故也。五帝之中无传政，非无善政也，久故也。禹汤有传政而不若周之察也，非无善政也，久故也。传者久则论略，近则论详，略则举大，详则举小。愚者闻其略而不知其详，闻其详而不知其大也。是以文久而灭，节族久而绝。

注释

1 古今一度也：另作“古今一也”。——编者注

2 乡：通“向”。

译文

圣人为什么不会被欺骗？答：圣人，以自己为法度。所以能够由人而判断人，由情而判断情，由同类而判断同类，由学说而判断功效，由道而看尽一切事物，古今判断是一样的。只要类别不违背，虽然相隔很久，但道理仍是相通的。所以圣人面对邪曲情况而不会迷惑，看杂乱的事物也不会迷惑，就是由此而判断。五帝之前没有贤人流传下来，不是没有贤人，而是太久远了。五帝之中，没有政策流传下来，不是没有好的政策，也是太久远了。禹和汤有政策流传下来，但不及周代的明察，不是没有好的政策，而是太久远了。流传下来的政策，太久远了，讨论就会简略，近期的政策，讨论就会详细，简略就只会举出大概，详细才会举出细小的细节。愚昧的人只听到简略的而不知道有详细的，听到详细的也不知道哪些重要。所以圣人的文制，久远就会消灭，礼义的节奏，久远就会绝迹。

赏析与点评

荀子说，人能够由自己的情推断别人的情，由同类的人推断同类的人，这就能够统贯各个类别，得到贯通之道。君子就是由这个道而观察古今，实践而尽道。荀子认为要观察周代的制度，才了解这个贯通之道，是因为古代圣王的制度太久远而绝迹，周代的制度还具体存在，可以由详细了解而认识这个道。所以不是说古代圣王的制度不可效法。这个意思和孔子要人反思礼之本的用心，是前后相承的。

凡说之难，以至高遇至卑，以至治接至乱。未可直至也，远举则病缪[1]，近世则病佣。善者于是间也，亦必远举而不缪，近世而不佣，与时迁徙，与世偃仰，缓急嬴[2]绌，府然若渠匽檃栝之于己也[3]。曲得所谓焉，然而不折伤。

注释

1 缪：通“谬”。

2 嬴：通“赢”，盈余。

3 府：通“俯”。匽：通“堰”，坝。

译文

凡是想说服别人，遇到的困难是，抱有最高理想而遇到最卑下的人，抱有治世理想而遇到最混乱的君主。总是不可以直接说服成功的，举出久远的圣人，就会有谬误的毛病，说近世的就会变得庸俗。善于说服人的人在这时，一定要举出久远的圣人而没有谬误，说近世而不会变得庸俗，与时势一起变化，和世人一起俯仰，可以慢，可以快，可以多，可以少，自己可以俯下好像渠坝阻挡流水，好像矫正竹木的檃括矫正别人。婉曲说出所想说的，而又不会挫伤别人。

赏析与点评

荀子说，君子想把他的道，在世间实践。但最高的理想，遇到最混乱的君主，实在有很巨大的差距，不能互相接通。所以说久远的圣人时，不能令世人以为是谬误，说近世的讨论，又不可以陷于庸俗。要随时势而说，不可以执着认为一定如此。所以荀子不是固守旧礼规条的顽固分子。

故君子之度己则以绳，接人则用抴[1]。度己以绳，故足以为天下法则矣；接人用抴，故能宽容，因众以成天下之大事矣。故君子贤而能容罢[2]，知而能容愚，博而能容浅，粹而能容杂，夫是之谓兼术。《诗》曰：『徐方[3]既同，天子之功。』此之谓也。

注释

1 抴（yì）：通“枻”，短桨，指船。

2 罢：通“疲”。

3 徐方：徐国。

译文

所以君子好像用画直线的线墨判断自己，用船来接载别人。君子用绳墨判断自己，所以足以成为天下人效法的准则。用船接载别人，所以能够宽容，能够由众人而成就天下的大事。所以君子是贤良而能够容纳疲弱无能的人，有智慧而能够容纳愚昧的人，知识广博而能够容纳浅陋无闻的人，德性纯粹而能够容纳混杂的人，这就叫作兼容的方法。《诗经》说：徐国既然已经顺从了，这就是天子的功劳。就是这个意思。

赏析与点评

君子的目标是要接载人，令人接上圣王之道。可见荀子也有随时变化，不主张执着固有方式，宽容待人的意思。但荀子的目标，不只是要包容人，更是要接载人，令人由卑下而升高，提升人的精神，令人可以一起实践理想的圣王之道。

非十二子篇第六

本篇导读

《非十二子篇》是荀子对当时流行学术流派的评论。这十二子的著作很多没有传世，后世学者常常由此篇而了解十二子的学问，所以这是很有学术研究价值的篇章。但其实荀子写《非十二子篇》不是为了让后人研究十二子的学问。荀子的本意是说，十二子的学问都不足以说到圣王之学，不足以说明人文世界形成之道，所以撰文反对。荀子反对它嚣、魏牟的恣性情主张，反对陈仲、史鳅的忍性情主张，认为他们只知个人，而不知社会人文的价值。荀子反对墨翟、宋钘的注重功用，太过俭约，轻视差等的主张，认为他们只知社会平等，而不知道国家制度的建立不只有平等，也有差等的。荀子反对慎到、田骈顺从时势的主张，认为他们只知道顺应时势，而不知道为政不只是顺应时势的事情。荀子反对惠施、邓析，因为他们的言论和行为是互不相干的。荀子也反对子思、孟轲，认为他们的闻见博杂而没有统一性，只是根据旧传统做学说，而未能够根据不同种类而加以解说。真能说圣王之道的人，但不得势的，是孔子和子弓。得势的，是舜和禹。所以做圣王，在上位要学舜、禹，不在上位要学孔子、子弓。可见荀子的《非十二子篇》是说关于政治的学术。政治上如实行圣王之道，学术自然会行上正轨。如果圣王之道不能实行，就要先纠正学术，令人明白圣王之道的学问。这才是《非十二子篇》的主旨。

纵情性，安恣睢[1]，禽兽行，不足以合文通治；然而其持之有故，其言之成理，足以欺惑愚众：是它嚣[2]、魏牟[3]也。

注释

1 恣睢：放纵自得。

2 它嚣：人名，生平不详。

3 魏牟：战国时魏国的公子牟。《庄子》和《吕氏春秋》也有说到魏公子牟。《汉书·艺文志》在道家书籍中有《公子牟》四篇。公子牟主张贵生贵身，尊崇生存和身体，认为天下最尊贵的是生存和身体。《庄子·让王篇》记载魏牟曾说：现在天下在这里，左手取天下，就左手被废除，右手取天下，就右手被废除，那你会不会取呢？答：不取。由此可见，身体尊贵于天下。

译文

主张放纵性情，安于放纵自得，好像禽兽一样自由行事，不能够符合文制贯通治理之道。但他们所持的见解有理由，他们的言论合理，足以欺骗迷惑愚昧群众。他们就是它嚣、魏牟。

赏析与点评

由魏牟的主张来看，一个人想取得天下，是因为人的野心贪欲，但人不肯为了野心贪欲而废除自己的手。由此可见人重视身体，较野心贪欲、取得天下更重要。可见重视身体的人不会因为野心贪欲而取天下。而人就是因为野心贪欲而取天下，导致天下大乱。所以人如果能够重视身体而不取天下，天下就不会大乱。所以魏牟主张贵身而不取天下，停止野心贪欲，也有清高的德性。不取天下，只重视身体，就会要求自由培养自己的生命性情，即是荀子说的纵性情。而不取天下，视天下如无物，只安于自己自得的心，就是荀子说的安恣睢。而禽兽行，就是说自己好像禽兽一样，在世人和人文世界之外，不理会符不符合人文的治理。即是说不会参与取天下的行为，而要求自由自在放纵自己的性情。所以它嚣、魏牟是因为积极地看到身体和生存的重要而藐视天下，成为出世、避世、独行其是的人。所以荀子说他们持之有故，言之成理。但他们只知个人，否定人文世界的价值，不符合圣王之道，所以说他们会欺惑愚众。

忍情性，綦溪利跂[1]，苟以分异人[2]为高，不足以合大众，明大分，然而其持之有故，其言之成理，足以欺惑愚众：是陈仲[3]、史鰌[4]也。

注释

1 綦溪利跂：綦，只用一条腿走路。溪，通“蹊”，小路。利，通“离”。跂，通“企”，提起脚跟。指和世俗不同而独行。

2 分异人：与别人不同。

3 陈仲：即陈仲子，又名田仲，战国时齐国人。他兄长在齐国当官，他认为兄长的俸禄不义，不肯接受，宁愿独居山陵之中，几乎饿死，以高洁著称。

4 史鰌：字子鱼，又叫史鱼。春秋时，卫国大夫，孔子弟子，临死时叫儿子不要入殓，以尸谏卫灵公，孔子称赞他正直：“直哉史鱼”。

译文

节制自己的性情，好像限制自己只用单脚走小路，离开大路而行，姑且以和别人不同为高人一等，不能符合大众的生活，不能彰显大义，但他们所持的见解有理由，他们的言论合理，足以欺骗迷惑愚昧群众。他们就是陈仲、史鰌。

赏析与点评

这也是因为世界太污浊，要求洁身自爱的一种形态。陈仲、史鳝都只求做一个洁身自爱的当世贤者。他们想到以和世俗人不同为高，就是根据想避世、超越世俗的心情，而有成为一种特殊的思想形态。因为在世俗之中，常常会出现一些没有价值或反价值的情况，令世俗世界变成污浊，人如果感到世俗的污浊性，人直接生出的第一个念头，常常是要求自拔于污浊，保持心灵的高洁、生命的高洁，于是出现各种出世、避世、超世的思想。任何时代，只要人类社会有污浊的地方，就会有这种形态的思想出现。所以这种思想，自然有一种永恒性。现代社会不是常常流行这种出世、离世的思想吗？由此可反映现实的世俗是怎样的情况。

不知壹天下建国家之权称[1]，上功用，大俭约，而僈[2]差等，曾[3]不足以容辨异，县君臣；然而其持之有故，其言之成理，足以欺惑愚众：是墨翟[4]、宋钘[5]也。

注释

1 权称：权衡。

2 僈：轻视。

3 曾：乃，竟然。

4 墨翟：墨家的创始人，主张节用、节葬、兼相爱、交相利。

5 宋钘（xíng）：战国时宋国人，主张禁攻。

译文

不知道统一天下，建立国家的权衡法度，崇尚功利实用，重视节俭简约，而轻视差别等级，竟至于不能容许人有分别和不同，不容许君臣有上下悬殊的分别。但他们所持的见解有理由，他们的言论合理，足以欺骗迷惑愚昧群众。他们就是墨翟、宋钘。

赏析与点评

墨子重视公正无私，问题也是只知道公而不知道私，要实行是很困难的，因为无私的心和天下人心是相反的，天下人也做不到无私。宋钘则是重视公而不忘私，同时重视别人和我的生活需求，较墨子好一些。墨子、宋钘崇尚公义平等的说法，也是持之有故，言之成理的，但在建立国家制度方面就有所不足。追求公义平等是一个理想，但只有这个理想并不足够。荀子的理想世界是多元的人文世界的开展，这就不只是空想的平等世界所能包括的。近代不是曾流行一种极平等财富分配的理想世界主张吗？但正因为这个平等理想世界中，没有多元的人文文化内容，结果实践出来就成为一个极不平等的现实世界。

尚法而无法，下[1]修而好作，上则取听于上，下则取从于俗，终日言成文典，反紃[2]察之，则倜然[3]无所归宿，不可以经国定分；然而其持之有故，其言之成理，足以欺惑愚众：是慎到[4]、田骈[5]也。

注释

1 下：轻视。

2 紃：通“巡”。

3 倜然：不切实际。

4 慎到：战国时赵国人，主张顺势而治。

5 田骈：战国时齐国人，主张和慎到接近。

译文

崇尚法治而没有真正的法制，轻视修养而喜欢自己造作，对上位的人，就选取听从他的话，对下面的人，就选取跟从世俗，终日在讨论如何做成仪文法典，且常常巡察。这就是不切实际而没有归宿，不可以用来治理国家，确定名分。但他们所持的见解有理由，他们的言论合理，足以欺骗迷惑愚昧群众。他们就是慎到、田骈。

赏析与点评

田骈、慎到主张人化同于无知的事物，与物宛转，任顺物势，舍弃是非，无所选取，跟随物势而转动，自己就没有责任过失，不受罪责。荀子当然反对。但人其实很多时候会想化同无知之物，要求自己无知。人会用智能知识来辨别是非，分辨对错、利害，人要做决定便一定会疲累。因为决定总是会对会错，人要承担决定的后果，而结果又往往是人承担不起的，长久一定会觉疲累和失去自信。这时人会厌弃做利害是非的分辨，自甘同化为无知的事物，由此而去除了疲累和失去自信的毛病，也可算是大有所获。好像一个人有绝症，已不能痊愈，或痛苦至不能忍受，宁愿死，同化为无知的泥土。能够去除疾病或痛苦，即使没有其他好处，人也愿意去做。这时，人的最大愿望可能就是无知而任顺物势。对一个疲累的人而言，这也是一个最高理想，是不容易达到的一个理想。所以田骈、慎到的主张并非无理，只是未能符合荀子正面积极建立多元人文世界理想的要求而已。

不法先王，不是礼义，而好治怪说，玩琦[1]辞，甚察而不惠[2]，辩而无用，多事而寡功，不可以为治纲纪；然而其持之有故，其言之成理，足以欺惑愚众：是惠施[3]、邓析[4]也。

注释

1 琦：通“奇”。

2 甚察而不惠：另作“甚察而不急”。——编者注

3 惠施：战国时宋国人，名家代表人物。

4 邓析：春秋时郑国人，名家人物之一。

译文

不效法古代圣王，不肯定礼义，而喜欢研究怪异学说，玩弄奇怪语言文字，非常明察，但没有好处，善辩论而不实用，多工作而少功效，不可以作为治理国家的纲纪。但他们所持的见解有理由，他们的言论合理，足以欺骗迷惑愚昧群众。他们就是惠施、邓析。

赏析与点评

名家喜欢辩论语言文字，和实际的政治实务、日常生活无关。现在看来，名家的学问，有些类似现代的语言哲学和逻辑等学术范畴，不可以说没有意义，只是意义不直接和人生相关。荀子注重人的生活，人在人文世界中的生活，所以这些学问并不是荀子心目中的圣王之道应重视的。人文世界应肯定语言逻辑的价值，但不是由语言逻辑来治理人文世界。所以荀子说的是和政治相关的学术。

略[1]法先王而不知其统，犹然而[2]材剧志大，闻见杂博。案往旧造说，谓之五行[3]，甚僻违而无类，幽隐而无说，闭约而无解。案[4]饰其辞，而祗[5]敬之，曰：此真先君子之言也。子思[6]唱[7]之，孟轲[8]和之。世俗之沟犹瞀[9]儒、嚾嚾[10]然不知其所非也，遂受而传之，以为仲尼、子弓[11]为兹厚于后世：是则子思、孟轲之罪也。

注释

1 略：大致。

2 犹然而：另作“然而犹”。——编者注

3 五行：即五常，仁义礼智信。

4 案：语助词。

5 祗（zhī）：敬。

6 子思：战国时鲁国人，孔伋，孔子孙。

7 唱：通“倡”。

8 孟轲：即孟子，战国时邹国人，儒家代表人物，被尊为亚圣。

9 沟犹瞀（mào）：犹，语助词。沟瞀，愚昧无知。

10 嚾（huān）嚾：喧闹。

11 子弓：即仲弓，孔子弟子。

译文

大致效法先圣王，而不知先圣王的纲纪，还以为自己才多志大，见闻博杂。根据以往旧学说而造出新学说，叫作五行，乖僻违背而不合乎伦类，道理幽深隐微而没有解说，义理隐闭简约而没有解释，文饰他们的学说，恭敬地说：这真是先祖先师的说法。子思提倡，孟轲和应，世俗愚昧无知的儒家之徒，喧喧闹闹不知他们的错误。于是接受而传授这学说，以为是孔子、子弓推崇于后世的。这就是子思、孟轲的罪过。

赏析与点评

同是儒家之徒，为何荀子认为孟子的学说错误，有罪过呢？这就是因为不合乎荀子心目中的圣王之道、建立天下统类的精神。孟子说兴起人心志之道，注重人禽之辨，由人主观心性来说，但并没有就人在自然天地万物之上，由客观意义来说。荀子的礼义之道，就是人文世界形成之道。人在自然世界之上，建立起一个人文世界。荀子认为圣贤之道，不只是说人如何兴起自己的心志，更要说人和各种类自然物的关系、人和人的关系。这才是真正尽人伦、尽礼制的圣王之道，才真正是继承孔子开出的多元人文世界之道。因为由荀子来看，孟子除了性善论和他相反外，孟子虽根据孔子而说，但只注重说自己的心，只是幽深隐微简约的义理，不是真正孔子之道，所以说孟子错误。其实一从主观心志说，一从客观人文世界说，正好互相补充，而不是真正互相对立。

若夫总方略，齐言行，壹统类，而群天下之英杰，而告之以大古，教之以至顺，奥窔[1]之间，簟[2]席之上，敛[3]然圣王之文章具焉，佛[4]然平世[5]之俗起焉，六说者不能入也，十二子者不能亲也。无置锥之地，而王公不能与之争名，在一大夫之位，则一君不能独畜[6]，一国不能独容，成名[7]况[8]乎诸侯，莫不愿以为臣，是圣人之不得势者也，仲尼、子弓是也。

注释

1 奥窔（yào）：奥，房屋西南角。窔，房屋东南角。指在房屋内。

2 簟：竹席。

3 敛：聚集。

4 佛：通“勃”。

5 平世：太平盛世。

6 畜：收藏。

7 成名：声名远播。

8 况：拜访。

译文

能够做到总括国家的方案谋划，使人民言行一致，统一纲纪类别，而聚集天下豪杰，告诉他们什么是康庄大道，教他们什么是最顺畅的。能够在一般的房屋内，竹席上，都聚集齐备圣王的文制礼仪，太平盛世的习俗由此勃然兴起。能够做到这些，前面六种学术流派都不能进入，十二子都不能亲近，就算政治上没有地位，好像没有放置锥子的地方，王公也不能够和他争名声。这样的人虽然只在一个大夫的地位，但一个国君不能独自把他收藏起来，一个国家不能独自收容他。他声名远播地拜访诸侯，没有不愿意用他作为臣子的。这就是不得势的圣人，孔子、子弓。

赏析与点评

前面十二子都不合乎荀子的要求，那荀子的要求是怎样的人呢？荀子要求的是圣人，但圣人也有得势和不得势的时候。不得势的时候，圣人应像孔子那样，心中要有总方略，不得势也要能够教育人民文制礼仪，太平盛世才可由此而兴起。这是说文化教育的影响，比政治上的影响深远得多。

一天下，财[1]万物，长养[2]人民，兼利天下，通达之属[3]，莫不从服，六说者立息，十二子者迁化[4]，则圣人之得势者，舜、禹是也。

注释

1 财：通“裁”，裁断。

2 长养：养育。

3 属：类别。

4 迁化：改变。

译文

统一天下，裁断万物，养育人民，同时有利于天下，凡是贯通达到的类别，没有不服从的，上面六种学说就会立即停止，令十二子改变，这就是得势的圣人，舜和禹了。

赏析与点评

圣人得势更加可以得到实时的影响，十二子的学说，不必强制停止而自然变化，这是理想中的圣王统治了。

今夫仁人也，将何务[1]哉？上则法舜禹之制，下则法仲尼、子弓之义，以务息十二子之说。如是则天下之害除，仁人之事毕，圣王之迹著矣。

注释

1 务：致力。

译文

现在仁德的人，应致力做什么呢？在上就效法舜和禹的礼制，在下就效法孔子、子弓的礼义，致力停止十二子学说，这样，天下的祸患就可除去，仁德的人的事完成了，圣王的事迹就显著了。

赏析与点评

由此可见，荀子《非十二子篇》的主旨，是说关于政治的学说。政治上，圣王之道流行，学说自然会变化，圣王之道不流行，就要做改变学术的工作，希望说明圣王之道才是最好的学说。这才是《非十二子篇》的主旨。荀子的说法，只是在不得势时，在民间以讨论方式，驳斥十二子的学说，致力停止他们的错误。这其实是正常的学术讨论，坚持自己的观点而已。在得势时，不必用政治力量停止，荀子认为十二子学说会自动变化。所以荀子其实没有用政治权力独尊儒术的主张。后来发展出用政治力量阻止其他学说的主张，并不是荀子的意思。

儒效篇第八

本篇导读

《儒效篇》开首举出周公来说明圣人之道贯通到君主。再说孔子未能够在现实中实践理想，但能够作为老师。再说君子的贤德，并不是要能人所不能，君子也有不及别人的地方。又由俗人、俗儒、雅儒、大儒的分别，由德行的高下而说到圣人管理天下之道。总之，此篇是说儒者的类别。由上而下各类，居于上者应该作为在下者的模范，居于下者应该效法在上者，上类统贯下类，贯通为一，由此兴起整个天下家国，见到圣王之道。

君子之所谓贤者，非能遍能人之所能之谓也；君子之所谓知者，非能遍知人之所知之谓也；君子之所谓辩者，非能遍辩人之所辩之谓也；君子之所谓察者，非能遍察人之所察之谓也；有所止矣。相高下，视墝肥，序五种[1]，君子不如农人；通财货，相美恶，辩贵贱，君子不如贾人；设规矩，陈绳墨，便备用[2]，君子不如工人；不恤是非不然之情，以相荐撙[3]，以相耻怍，君子不若惠施、邓析。若夫謫[4]德而定次，量能而授官，使贤不肖皆得其位，能不能皆得其官，万物得其宜，事变得其应，慎、墨不得进其谈，惠施、邓析不敢窜[5]其察，言必当理，事必当务，是然后君子之所长也。

注释

1 序：安排次序。五种：五谷。

2 便备用：便，改良。备，设备。用，器具。

3 荐：通“践”，践踏。撙（zǔn）：抑制。

4 謫：通“商”，衡量。

5 窜：令人接纳。

译文

君子之所以被称为贤能，不是因为完全能够做到别人能做的；君子之所以被称为智慧，不是因为完全能够知道别人所知道的；君子之所以被称为善辩，不是因为完全能够辩倒别人的言论；君子之所以被称为明察，不是因为完全能够明察别人所察觉的。君子能力也是有限的。看地势高下，视察土地肥沃贫瘠，排列耕种五谷次序，君子不及农人；货物金钱的流通，看货物的好坏，辨别货物的贵贱，君子不及商人；设置圆规矩尺，安排绳墨，改良设备器具，君子不及工人；不理会别人是非反对的情况，互相践踏抑制，互相耻辱，君子不及惠施、邓析。至于衡量德行而定等级次序，衡量能力而授予官职，令贤人和不肖的人都得到适当的位置，有能力和没有能力的人得到适当的官职，万物都得到适当的安排，事物变化得到适当的响应，慎到、墨子不能够推广他们的言论，惠施、邓析不敢令人接纳他们的明察，言论一定合乎理，做事一定做应当的，这才是君子所擅长的。

赏析与点评

荀子认为君子并不是能人所不能，君子也会不及农人、工人、商人，但君子能够按德性修养衡量事物，而作出回应安排，这是君子擅长的。这正是因为君子知道圣王之道，而贯通于治乱之道。所以荀子不是认为在上位者无所不能，不是比其他人高明，只是做他擅长做而应做的工作而已。

故有俗人者，有俗儒者，有雅儒者，有大儒者。不学问，无正义，以富利为隆，是俗人者也。逢衣浅带[1]，解果[2]其冠，略法先王而足乱世术，缪[3]学杂举，不知法后王而一制度，不知隆礼义而杀[4]诗书；其衣冠行伪[5]已同于世俗矣，然而不知恶；其言议谈说已无异于墨子矣，然而明不能别；呼先王以欺愚者而求衣食焉；得委积足以揜其口，则扬扬如也；随其长子，事其便辟[6]，举其上客，億[7]然若终身之虏而不敢有他志：是俗儒者也。法后王，一制度，隆礼义而杀诗书；言行已有大法矣，然而明不能齐法教之所不及，闻见之所未至，则知不能类也；知之曰知之，不知曰不知，内不自以诬，外不自以欺，以是尊贤畏法而不敢怠傲：是雅儒者也。法先王，统礼义，一制度；以浅持博，以古持今，以一持万；苟仁义之类也，虽在鸟兽之中，若别白黑；倚[8]物怪变，所未尝闻也，所未尝见也，卒[9]然起一方，则举统类[10]而应之，无所儗[11]；张法而度之，则晻[12]然若合符节：是大儒者也。

注释

1 逢：蓬松。浅带：衣带束得很浅。

2 解果：也作“蟹蜾”，高的意思。指模仿儒者穿着。

3 缪：通“谬”。

4 杀：减少。

5 伪：通“为”。

6 便辟：君主左右的小人。

7 億：通“患”，提心吊胆的样子。

8 倚：通“奇”。

9 卒：通“猝”。

10 统类：统率的大纲和类别，泛指礼制内容。

11 儗：通“疑”。通“怍”，惭愧不安。

12 晻：通“奄”，相合。

译文

有所谓俗人、俗儒、雅儒、大儒的分别。不学习，没有正义，以财富利益为尊贵的，是俗人。穿宽松衣服，戴高帽，简略效法先王而实行足以扰乱世人的政策。杂乱举出谬误的学说，不知道要效法后王而贯通为一的制度。不知道更多尊崇礼义而减少重视《诗经》、《尚书》。他的衣着行为已经和世俗人相同了，但不知道是恶的。他的言论谈话已经和墨子相同了，但明显地不能辨别。标举出先王来欺骗愚昧的人来追求衣食。得到别人给予积蓄而足以糊口，就意气扬扬。只知跟随长子，侍奉君主身边的小人，推举为上等宾客，提心吊胆好像终身为奴隶而不敢有其他志愿。这些就是俗儒了。而能效法后王贯通为一的制度，更尊崇礼义而减少重视《诗经》、《尚书》，言语行为已经有大概的法度，但是明显不能够整理法制教化不及的地方，和未听闻过与未看见过的地方。这样就知道他不能够类推，只是知道说知道，不知道说不知道，内心不自我欺骗，向外也不能自我欺骗，由此而尊敬贤者，敬畏法制，而不敢怠慢，这些就是雅儒了。效法先王，统贯礼义，统一制度，用浅近的方式掌握博大的知识，用一个道理掌握万物。如果是礼义的类别，即使在鸟兽之中，也好像辨别黑白一样清楚。奇怪的事物和变化，未曾听闻过的，猝然出现在某一个地方，也能够举出统贯的类别而响应，没有迟疑不安。如果张开法制来量度，就相合好像符节一样，这就是大儒者。

赏析与点评

荀子说有俗人、俗儒、雅儒、大儒的分别，是由人学习圣人之道的高下分类而言。结合前面就人的德行而言，可见荀子重视人德性的学习由低至高的次序。俗人只知财富利益，俗儒只知根据《诗经》、《尚书》而言，其实和俗人没有分别。雅儒能够法后王，隆礼义。大儒更知礼制中有圣人之道贯通其中，能够举出统类的道来响应事物变化。大儒就是孔子周公，是圣人。荀子这里很具体指出衡量人高低的标准，就是人的德性，而不只是知识能力。

人论[1]：志不免于曲私，而冀人之以己为公也；行不免于污漫，而冀人之以己为修也；其愚陋沟瞀[2]，而冀人之以己为知也：是众人也。志忍私，然后能公；忍情性，然后能修；知而好问，然后能才；公修而才，可谓小儒矣。志安公，行安修，知通统类：如是则可谓大儒矣。大儒者，天子三公[3]也；小儒者，诸侯、大夫、士[4]也；众人者，工农商贾也。礼者，人主之所以为群臣寸尺寻丈检式[5]也。人伦尽矣。

注释

1 论：通“伦”。

2 沟瞀：通“怐愗”，愚昧无知。

3 三公：周朝最高级的官员，太师、太傅、太保。

4 士：官名，地位在大夫之下。

5 寸尺寻丈：长度单位，八尺为一寻。检式：标准。

译文

人伦类别是这样的：意志总是不免有自私不正直，而希望别人以为自己是公正的。行为不免会污秽卑鄙，而希望别人以为自己有修养。很愚昧浅陋无知，而希望别人以为自己有智慧。这就是众人。意志控制了私心，然后做到公正，控制了感情个性，然后做到有修养，有智慧而又爱好发问，然后做到有才干。公正、有修养又有才干，可称为小儒了。而意志自然安于公正，行为自然安于修养，智慧贯通各类别，这样就可以称为大儒了。大儒可以做天子、三公，小儒可以做诸侯、大夫、士，众人可以做工人、农人和商人。礼义制度，就是君主衡量群臣的标准。人伦类别都能在其中表现了。

赏析与点评

对于不同的儒者，在政治上表现为，大儒应做天子三公，小儒应做诸侯士大夫，众人应做工农商。而结合各个人伦类别的人，就能成就天下国家的政治工作，这是君子擅长的范围。荀子说出了君子才应该在上位的原因。现在我们选举贤能要投票，是不是要按君子大儒这个标准来选呢？

王制篇第九

本篇导读

荀子说政治的数篇，首先说王制，即王者的制度。然后说富国和王霸之道的区分，君道和臣道的区分、致士之道和强兵之道。《王制篇》说举贤能，废不能，是继承《儒效篇》说大儒小儒表现于政治的意思而言。任用官员应该用贤德和不肖来代替亲疏的区分。说听政之道就说礼刑兼用。荀子又注重使天下人各得其位的政治地位差等论。又说王者追求强大，不轻言战争，和霸者不同。而王者制度，应该从其旧，不应轻易改变。又说尚贤使能，而见礼义。王者之法目的是养民，王者制度是统一之道行于天下。总而言之，是王者如能行王道，即使不去取得天下，天下也自然会等待这个王者，王者的制度是足以安定天下。

请问为政？曰：贤能不待次而举，罢[1]不能不待须[2]而废，元恶不待教而诛，中庸民不待政而化。分未定也，则有昭缪[3]。虽王公士大夫之子孙也，不能属于礼义，则归之庶人。虽庶人之子孙也，积文学，正身行，能属于礼义，则归之卿相士大夫。故奸言，奸说，奸事，奸能，遁逃反侧[4]之民，职而教之，须[5]而待之，勉之以庆赏，惩之以刑罚。安职则畜[6]，不安职则弃。五疾[7]，上收而养之，材而事之，官[8]施而衣食之，兼覆无遗。才行反时者死无赦。夫是之谓天德，王者之政也。

注释

1 罢：通“疲”，没有才能。

2 须：须臾，片刻。

3 昭缪：缪，通“穆”。昭穆，古代宗庙里的辈分排列，左方称昭，右方称穆。

4 反侧：不安。

5 须：通“嬃”，等待。

6 畜：任用。

7 五疾：哑、聋、瘸、骨折、身材异常矮小，五种残疾。

8 官：职事。

译文

请问怎样从事政治呢？答：贤能的人不必按次序而推举出来了，疲弱无能的人不必等待片刻就要废除了，罪恶元凶不必等待教导就应该诛除了，中庸平凡的人不必等待政治措施而应加以教化。如果名分未确定，就应作出等级次序的排列。有些人虽然是王、公、士、大夫的子孙，如果行为不合于礼义，就应归之于平民。有些人虽然是平民的子孙，如果能够积累文学知识，端正自身行为，能够合于礼义，就应归之于卿相、士、大夫。而说奸邪的言论，讲奸邪的学说，做奸邪的事情，有奸邪的能力和逃走不安的人民，应安排职业而教育他们，等待他们，用奖赏勉励他们，用刑罚惩治他们。安于职业的就可任用，不安于职业的就应弃用。而有五种残疾的人，上位者应收留奉养，根据才能而给他们工作，安排官职而给予衣食，全部人民也要覆盖而没有遗漏。而才德品行违反当时礼义的，应处死而不赦免。这就叫作天德，是王者政治应做的。

赏析与点评

荀子认为任用官员，应该用贤和不肖的区分，代替亲疏的区分。和孟子赞成舜帝任用弟弟的说法比较，荀子其实更加接近墨子的任用贤能为官的主张。

听政之大分[1]：以善至者待之以礼，以不善至者待之以刑。两者分别，则贤不肖不杂，是非不乱。贤不肖不杂，则英杰至，是非不乱，则国家治。若是，名声日闻，天下愿，令行禁止，王者之事毕矣。

凡听：威严猛厉，而不好假[2]道人，则下畏恐而不亲，周闭而不竭。若是，则大事殆乎弛，小事殆乎遂[3]。和解调通，好假道人，而无所凝止之，则奸言并至，尝试之说锋[4]起。若是，则听大事烦，是又伤之也。故法而不议，[5]则法之所不至者必废。职而不通，则职之所不及者必队。故法而议，职而通，无隐谋，无遗善，而百事无过，非君子莫能。故公平者，听之衡也；中和者，听之绳也。其有法者以法行，无法者以类举，听之尽也。偏党而不经，听之辟[6]也。故有良法而乱者，有之矣，有君子而乱者，自古及今，未尝闻也。传曰：『治生乎君子，乱生乎小人。』此之谓也。

注释

1 大分：纲要。

2 假：宽容。

3 遂：通“坠”。

4 锋：通“蜂”。

5 法而不议：另作“法法而不议”。——编者注

6 辟：通“僻”，邪僻。

译文

听取政治意见的纲要：由善意而来的意见，要以礼对待，由恶意而来的意见，要以刑罚对待。把这两者分别出来，贤人和不肖人就不会混杂，对和错不会混乱。贤人和不肖人不混杂，有英才杰出的人就会来到，对错不混乱，国家就能治理。如果做到这样，王者的名声会愈来愈响，天下人向往，法令能施行，禁制能停止，王者的政治事业就完成了。

凡是听取意见的要注意：威严猛烈而不喜欢宽容听从人的人，下面的人会畏惧而不亲近，隐瞒真相而不尽情说出。如果是这样的话，大事就会废弛，小事也会坠失而败。亲和宽松调适通顺的人，喜欢宽容听从别人而没有止限，奸邪言论就会出现，试探说法就会蜂拥而起。如果是这样，要听取大量意见，事情又繁琐，就会伤害王者施政了。如果有法制而不作议论，法制没有包括的范围就一定被废弃。有职业而不能贯通到其他职业，职业所不包括的就一定衰落。所以要做到有法制又要有议论，有职业又要贯通到其他职业，没有隐藏的计谋，没有遗漏的善事，百样事情都没有过错，不是君子是不能做到的。能做到公平，就是听意见而能衡量，做到中和，就是听意见而有准绳。有法制就实行法制，没有法制就由同类情况推理，就是想尽办法听意见。偏向一方而不行正道，就是邪僻的听意见。有良好法制而国家仍有混乱，这情况是有的。有君子为王者而仍有混乱，自古至今，就未曾听见过。古书说：治世由君子产生，乱世由小人产生。就是这个意思。

赏析与点评

荀子说听政之道，有用刑和用礼对待两种方式，一方面继承儒家重视的礼，一方面也会使用法家的刑罚。荀子说应“法而议”，“职而通”，可见荀子重视法，但也重视补救法制不及的议论，又重视贯通各职业，但这只有君子能够做到。这即是人治和法治两者都重视的意思。可见荀子继承儒家圣王之治的传统，但较之前的儒家更重视法治。现代政治也常有人治和法治的争论，荀子的看法也可作参考。

分均则不偏[1]，势齐则不壹，众齐则不使。有天有地，而上下有差；明王始立，而处国有制。夫两贵之不能相事，两贱之不能相使，是天数也。势位齐，而欲恶同，物不能澹[2]则必争；争则必乱，乱则穷矣。先王恶其乱也，故制礼义以分之，使有贫富贵贱之等，足以相兼临者，是养天下之本也。《书》曰：『维齐非齐。』此之谓也。

注释

1 偏：部属。

2 澹：通“赡”，满足。

译文

名分均等就不能使人成为部属，势位平齐就不能统一指使，众人平齐就不能指使他人。有天有地，就有上下的差等分别，英明王者开始立国，处理国事就要有制度。两人都尊贵就不能互相侍奉，两人都卑贱就不能互相指使，这是天的定数。两人势位平齐而好恶相同，事物不能满足两人，就一定会相争，相争就一定会混乱，国家混乱就一定会穷困。古代的圣王厌恶混乱，所以制定礼义制度来做区分，令人有贫富贵贱的差等，就足以同时覆盖两者之上，这是养育天下的根本。《尚书》说：“维持整齐在于不平齐。”就是这个意思。

赏析与点评

荀子说的王制注重令天下人各人得到自己的位置，所以地位贵贱一定不可以废除，这样才可以上下指使，政治才可以运作。明显这是主张政治地位的差等论，但这差等不妨碍平等的公义。因为贵贱是由贤德来决定，不是由财富来决定，所以好像不平齐、不平等，事实却并非不平等。现代有人主张人不应该有贵贱差等，这些主张看似平等，而其实并不平等。

王者之论[1]：无德不贵，无能不官，无功不赏，无罪不罚。朝无幸位，民无幸生。尚贤使能，而等位不遗；折愿[2]禁悍，而刑罚不过。百姓晓然皆知夫为善于家，而取赏于朝也；为不善于幽，而蒙刑于显也。夫是之谓定论。是王者之论也。

注释

1 论：考察。

2 愿：通“傆”，狡诈。

译文

王者的考察是这样的：没有德行的人，不可让他尊贵，没有能力的人，不可让他做官，没有功劳的人，不给他赏赐，没有罪恶的人，不会受惩罚。朝廷没有靠幸运的官位，人民没有靠幸运的生活。崇尚贤能，使用贤能，令贤能的人有和贤德能力相等的地位，而不会遗漏。停止狡诈，禁止凶悍，刑罚不可过分。百姓都明白知道在家中做善行，会获得朝廷赏赐。在幽暗地方为不善，会在人人看得见的地方受刑。这样考察就叫作确定的考察。是王者的考察。

赏析与点评

荀子说无德行的人不可让他尊贵，这个说法看起来和墨子很相似。但荀子崇尚贤能，注重德行能力和地位相等而没有遗漏，由此而知荀子重视的仍是礼义。而墨子尚贤，是要建立公义之道，只是追求天下的利益，而非礼义。

以类行杂，以一行万。始则终，终则始，若环之无端也，舍是而天下以衰矣。天地者，生之始也；礼义者，治之始也；君子者，礼义之始也；为之，贯之，积重之，致好之者，君子之始也。故天地生君子，君子理天地；君子者，天地之参[1]也，万物之总也，民之父母也。无君子，则天地不理，礼义无统，上无君师，下无父子，夫是之谓至乱。君臣、父子、兄弟、夫妇，始则终，终则始，与天地同理，与万世同久，夫是之谓大本。故丧祭、朝聘、师旅一也；贵贱、杀生、与夺一也；君君、臣臣、父父、子子、兄兄、弟弟一也；农农、士士、工工、商商一也。

注释

1 参：并列。

译文

用同类原则来处理复杂的事物，用统一原则来处理万事万物。事物开始就会终结，终结又会再开始，好像一个圆环没有开端结尾一样，放弃这个原则天下就会衰落。天地是生命的开始，礼义是治理天地的开始，君子是礼义的开始。实践礼义，贯通礼义，积累礼义，极爱好礼义，是君子的开始。天地生出君子，君子治理天地，君子与天地并列，是万物的总管、人民的父母。没有君子，天地也没有条理，礼义没有统绪，在上者没有所谓君主老师，在下者没有所谓父子的分别，这就叫作极乱。君臣、父子、兄弟、夫妇，关系开始就会终结，终结又会再开始，人伦原则和天地的原则相同，和万世一样久远，这就叫作最大的根本。丧事祭祠的礼，诸侯朝见天子的礼，军队的礼，原则是相同的。贵和贱、被杀和生存、给予和夺取，原则也是相同的。君要像君、臣要像臣、父要像父、子要像子、兄要像兄、弟要像弟，原则是相同的。农人要像农人，读书人要像读书人，工人要像工人，商人要像商人，原则也是相同的。

赏析与点评

荀子说王者的制度，是使用和天地原则相同的原则，来处理万事万物的复杂情况。这是天地之理，由天地生出的君子，君子治理天地，也是使用这个天地之理。即是人和天地实践同一个道，成就了天地和人的“始终相成，如环无端”的道，圣王之道和天地之道，人道和天道得到贯通合一。

富国篇第十

本篇导读

《富国篇》是说经济上国家使用财富之道。《富国篇》最初说生利、节用、裕民之道。又说不能没有贵贱等级的区分。宫室、衣服、礼乐也要有差别，用来区别贵贱，令君主可以治天下，而百姓也会愿意为此而劳苦。《富国篇》又说到在上位者不可敛财、重税，而君主也不可侵犯百姓，而应兼爱百姓。又说天地生万物，原本足以养人，认为墨子的忧只是私忧。真正的问题是天下混乱，而墨子的主张正是使天下混乱的原因之一。荀子认为墨子的主张只是剥削人民，是危害国家。荀子认为上位者对人民应该先有爱，民才会得利，才可以藏富于民。这才是儒家爱民保民、保国富国之道。这个道正是国家财富来源所在。荀子注重使政和，开源节流，积极地令上下都富有之道。荀子也注重人在天地之间，由天生万物而养活，成就丰盛的生活，令人人都满足合理的欲望。

礼者，贵贱有等，长幼有差，贫富轻重皆有称者也。故天子袾裷[1]衣冕，诸侯玄裷衣冕，大夫裨[2]冕，士皮弁[3]服。德必称位，位必称禄，禄必称用，由士以上则必以礼乐节之，众庶百姓则必以法数制之。量地而立国，计利而畜民，度人力而授事，使民必胜事，事必出利，利足以生民，皆使衣食百用出入相掩，必时臧余，谓之称数。故自天子通于庶人，事无大小多少，由是推之。故曰：『朝无幸位，民无幸生。』此之谓也。

注释

1 袾：通“朱”，红色。裷：通“衮”，画有卷曲龙形图的衣服。

2 裨：地位卑下的衣服。

3 皮弁：白色鹿皮做的帽。

译文

礼是有贵贱等级的，长幼有差别的，贫富和权力轻重都有适宜的规定。所以天子穿红色龙形图案衣帽，诸侯穿黑色龙形图案衣帽，大夫穿卑下的衣帽，士穿白色的衣帽。德行一定要和地位相称，地位一定要和俸禄相称，俸禄一定要和使用相称，由士开始，士以上地位的人一定要用礼乐来节制，百姓平民就一定要用法制法度来节制。量度土地而确立国土，计算利益而养活人民，量度人的能力而授予事务，役使人民一定要给予能胜任的事务，事务一定要生出利益，利益足以养活人民，都要令人民的日用衣食、支出和收入保持平衡，一定时常收藏起有余的，这就叫作和法度相称。所以由天子贯通到平民，事务无论大小或多少，都是由此类推。所以说：“朝廷没有靠幸运的官位，人民没有靠幸运的生活。”就是这个意思。

赏析与点评

荀子认为君主要做的是量度土地，计算利益，量度人的能力，这是增加利益，节约使用，令人民富裕的方法。君主做的事，是为了人民，而不是国家的名声或地位等。

人之生不能无群，群而无分则争，争则乱，乱则穷矣。故无分者，人之大害也；有分者，天下之本利也；而人君者，所以管分之枢要也。故美之者，是美天下之本也；安之者，是安天下之本也；贵之者，是贵天下之本也。古者先王分割而等异之也，故使或美，或恶，或厚，或薄，或佚或乐，或劬或劳，非特以为淫泰[1]夸丽之声，将以明仁之文，通仁之顺也。故为之雕琢、刻镂、黼黻文章[2]，使足以辨贵贱而已，不求其观；为之钟鼓、管磬、琴瑟、竽笙，使足以辨吉凶[3]、合欢、定和而已，不求其余；为之宫室、台榭，使足以避燥湿、养德、辨轻重而已，不求其外。《诗》曰：『雕琢其章，金玉其相，亹亹[4]我王，纲纪四方。』此之谓也。

注释

1 淫：过分。泰：奢侈。

2 黼黻（fǔ fú）文章：古代礼服上的花纹。

3 吉凶：吉事和凶事。如婚礼和丧礼。

4 亹（wěi）亹：勤恳的样子。

译文

人的生活不能没有群体，群体没有名分就会相争，相争就会混乱，混乱国家就穷困。所以没有名分，是人的大灾害。有名分，是天下的根本利益。君主是管理名分的枢纽。所以赞美君主，是赞美天下的根本。安于君主，是安于天下的根本。尊崇君主，是尊崇天下的根本。古代圣王用名分来分别，用等级表示不同，有些人要受赞美，有些人要受厌恶，有些人要受厚待，有些人要待遇微薄，有些人安逸，有些人快乐，有些人劳苦，并非特别用来作为奢侈过分华丽的名声，而是用来显明仁德的文制，贯通仁德的顺序。所以为各人雕刻器具，绘画花纹。令人可以由器具来辨别贵贱而已，而不是追求外观。造钟鼓、管磬、琴瑟、竽笙，令人可以由音乐来辨别吉凶、一起欢庆、成就和谐气氛而已，不是追求其他目的。建造宫室、台榭，令人可以避开干燥潮湿，修养德行，辨别尊卑轻重而已，不是追求外表。《诗经》说："雕琢花纹，有金玉的外貌，勤恳的我国君主，治理四方。"就是这个意思。

赏析与点评

人是群居的，但群居一定要有名分，又一定要有君主来管理名分。所以贵贱不能没有差等。人的宫室、衣服、礼乐，都不能没有差等，用来分辨贵贱，令君主可以治理万物万民。而百姓要靠君主的智慧来治理，所以百姓会赞美君主的仁厚和德行，百姓愿意为仁德的君主劳苦，甚至出生入死救助他，又会绘画很多花纹来装饰。这是说人的生活应有贵贱等级，但这是百姓愿意的，并不是君主强加上去的。

若夫重色而衣之，重味而食之，重财物而制之，合天下而君之，非特以为淫泰也，固以为主天下，治万变，材万物，养万民，兼制天下者，为莫若仁人善也夫。故其知虑足以治之，其仁厚足以安之，其德音足以化之，得之则治，失之则乱。百姓诚赖其知也，故相率而为之劳苦以务佚之，以养其知也；诚美厚也，故为之出死断[1]亡以覆[2]救之，以养其厚也；诚美其德也，故为之雕琢、刻镂、黼黻、文章以藩饰之，以养其德也。故仁人在上，百姓贵之如帝，亲之如父母，为之出死断亡而愉者，无它故焉，其所是焉诚美，其所得焉诚大，其所利焉诚多。《诗》曰：『我任我辇，我车我牛，我行既集，盖云归哉！』此之谓也。

注释

1 断：决断。

2 覆：捍卫。

译文

君主注重颜色而穿衣，注重味道而吃食物，注重财物而控制金钱，为了统合天下而做君主，这并非因为过分奢侈，而是因为要治理天下，治理变化，管理万物，养育万民，同时治理天下万民，这就没有比仁德的人更好了。仁德的人智慧思虑足以治国，仁厚足以安定天下，德行的声望足以化育天下，得到仁德的人就能治理国家，失去就会混乱。百姓真是要靠他的智慧，所以一起为他劳苦而使他安逸，以培养他的智慧；百姓真的赞美他仁厚，所以会为他出生入死而救护他，以培养他的仁厚；百姓真的赞美他的德行，所以为他雕琢、雕刻、制作花纹用来装饰，以培养他的德行。所以仁德的人在上位，百姓尊崇他好像上帝，亲近他好像父亲母亲，为他出生入死而感到愉快，没有其他原因，就是因为他肯定的理想真是美的，他所得到的成就真是大的，他所获得的利益真是多的。《诗经》说："我背起粮食，我拉车，我扶车，我牵牛，我的行为既已完成，都说要归去了。"就是这个意思。

赏析与点评

百姓实际的生活是有等级分别的，百姓也会歌颂在上位者，但这些表现都是自愿的，因为在上位者是贤能仁德的君子。所以在上位者不易为，德行要好、能力要强，责任重大，最重要是一心为民。

墨子之言昭昭然为天下忧不足。夫不足非天下之公患也，特墨子之私忧过计也。今是土之生五谷也，人善治之，则亩数盆[1]，一岁而再获之。然后瓜桃枣李一本数以盆鼓[2]；然后荤菜[3]百蔬以泽量；然后六畜禽兽一而剸[4]车；鼋、鼍、鱼、鳖、鳅、鳣以时别[5]，一而成群；然后飞鸟、凫、雁若烟海；然后昆虫万物生其间，可以相食养者，不可胜数也。夫天地之生万物也，固有余，足以食人矣；麻葛茧丝、鸟兽之羽毛齿革也，固有余，足以衣人矣。夫有余，不足非天下之公患也，特墨子之私忧过计也。

注释

1 盆：量器，一盆共十二斗八升。

2 鼓：量器，一鼓共十斗。

3 荤菜：有强烈气味的蔬菜。

4 剸：通“专”。

5 鼍（tuó）：扬子鳄。鳣（zhān）：指鲟鱼或鳇鱼一类的鱼。

译文

墨子的言论很明显是为天下人担忧不足够。其实不足够并不是天下公共的祸患，只是墨子的私人忧虑过度而已。现在的土地生出五谷，人善于治理，每亩可以生产数盆，一年可以再收获多一次。而瓜桃枣李的果实每一棵都要用盆和鼓来数。荤菜和蔬菜多得以山泽量度。而六畜和禽兽一只就大得要用专门的车来载，鼋、鼍、鱼、鳖、鳅、鳣鱼按不同时期繁殖，一条可养成一群，飞鸟、凫、雁多如烟雾大海，还有昆虫万物在其中生长，可以互相饲养，多得不可胜数。天地生出万物，是有余的，足以让人食用，麻葛茧丝、鸟兽的羽毛牙齿皮革，也是有余的，足以给人衣着。事物是有余的，不足够并不是天下的公共祸患，只是墨子的私人忧虑过度而已。

赏析与点评

荀子认为天地万物，原本是有余的，足以养活人，但墨子担忧不足，只是私人的忧虑而已。人类的问题不在于不足。

天下之公患，乱伤之也。胡不尝试相与求乱之者谁也？我以墨子之『非乐』也，则使天下乱；墨子之『节用』也，则使天下贫，非将堕之也，说不免焉。墨子大有天下，小有一国，将蹙然衣粗食恶，忧戚而非乐。若是则瘠，瘠则不足欲；不足欲则赏不行。墨子大有天下，小有一国，将少人徒，省官职，上功劳苦，与百姓均事业，齐功劳。若是则不威；不威则罚不行。赏不行，则贤者不可得而进也；罚不行，则不肖者不可得而退也。贤者不可得而进也，不肖者不可得而退也，则能不能不可得而官也。若是，则万物失宜，事变失应，上失天时，下失地利，中失人和，天下敖[1]然，若烧若焦，墨子虽为之衣褐[2]带索，啜菽[3]饮水，恶能足之乎？既以[4]伐其本，竭其原[5]，而焦天下矣。

注释

1 敖：通“熬”。

2 褐：粗衣。

3 啜：吃。菽：粗劣的蔬菜。

4 以：通“已”。

5 原：通“源”。

译文

天下公共的祸患，都是因为混乱的伤害。何不尝试一起寻求令天下混乱的人是谁呢？我以为墨子反对音乐的主张令天下混乱，墨子节用的主张令天下贫困。这样说并不是指责墨子很坏，而是认为他的主张不免会变成这样。墨子如果权力大而拥有天下，或如果权力小而只拥有一个国家，就会忧愁地穿粗衣，吃差劣食物，忧愁而反对音乐。如果是这样，生活就很贫瘠，贫瘠的生活就不足以让人追求，在不足以追求的生活中，奖赏是行不通的。墨子如果权力大而拥有天下，小则拥有一国，就会减少跟从的人，减省官职，崇尚功绩，愿意劳苦，和百姓一起做一样的事业，一起有功劳。如果是这样，他就没有威信，没有威信就不能实行刑罚。不能实行奖赏，贤能的人就不可得奖赏而获取官职，不能实行刑罚，不贤能的人就不可得刑罚而辞退。贤能的人不可得奖赏而进人，不贤能的人不可得刑罚而辞退，这样贤能和不贤能的人不可得到相应的官职。如果是这样，万物就会失去适宜的发展，事物变化会失去适当的响应，在上失去天时，在下失去地利，中间失去人和，天下好像被煎熬，好像被烧焦。墨子虽然为了天下而穿粗衣腰带，吃粗粮和饮水，但又怎能令天下富足呢？既然已砍伐了根本，枯竭了源头，天下当然是烧焦了。

赏析与点评

真正的祸患，其实是天下混乱。而正是因为墨子主张节用，上位者与百姓一样的劳苦，令上位者没有威信实行赏罚，不能任用贤能，辞退不贤能的人，所以处理万事万物失当，天下就会混乱。

故先王圣人为之不然：知夫为人主上者，不美不饰之不足以一民也，不富不厚之不足以管下也，不威不强之不足以禁暴胜悍也，故必将撞大钟，击鸣鼓，吹笙竽，弹琴瑟，以塞其耳；必将錭[1]琢刻镂，黼黻文章，以塞其目；必将刍豢[2]稻粱，五味[3]芬芳，以塞其口。然后众人徒，备官职，渐庆赏，严刑罚，以戒其心。使天下生民之属，皆知己之所愿欲之举在是于也，故其赏行；皆知己之所畏恐之举在是于也，故其罚威。赏行罚威，则贤者可得而进也，不肖者可得而退也，能不能可得而官也。若是则万物得宜，事变得应，上得天时，下得地利，中得人和，则财货浑浑[4]如泉源，汸汸[5]如河海，暴暴如丘山，不时焚烧，无所臧之。夫天下何患乎不足也？故儒术诚行，则天下大[6]而富，使而功，撞钟击鼓而和。《诗》曰：『钟鼓喤喤，管磬玱玱，降福穰穰[7]，降福简简，威仪反反[8]。既醉既饱，福禄来反[9]。』此之谓也。

注释

1 锎：通“雕”。

2 刍豢：食用的牲畜。

3 五味：甜、咸、酸、苦、辣。

4 浑浑：通“滚滚”。

5 汸汸：通“滂滂”。

6 大：通“泰”，平安。

7 穰穰：形容多。

8 反反：慎重和谐，引申为整齐。

9 反：通“返”。

译文

所以先王圣人不是这样的。他们知道作为人民的君主，没有美丽外表和装饰不足以统一人民，没有财富和丰厚待遇不足以管理下层，没有威信和军队强大不足以禁止残暴和凶悍。所以一定要敲撞大钟，敲击大鼓，吹笙和竽，弹琴和瑟，用来填塞人的耳朵。一定要雕刻图案，绘画花纹，用来填塞人的眼睛。一定要有肉食稻米粮食，美味芳香，用来填塞人的口。然后增加跟随人员，完备各种官职，增加奖赏，严谨施刑罚来警戒人心。令天下人民都知道自己所希望追求的全部都在这里，所以奖赏能够实行。人民都知道自己所畏惧的全部在这里，所以刑罚能够有威信。赏和罚能够实行，贤能的人就得以加入，不贤能的人就可以辞退，贤能和不贤能的人可以得到相配的官职。这样，万物就得到适宜的发展，事物变化得到适当的响应，在上得到天时，在下得到地利，中间得到人和，财富滚滚来好像泉水源头，浩荡好像河海，高大好像山丘，不时焚烧了，也还是多得不能收藏。天下又怎怕不足够呢？所以儒家的方法真的实行，天下就太平而富有，使用人民都有功劳，撞钟击鼓而和谐。《诗经》说：“钟鼓声很响，管磬声很铿锵，上天降福很多，上天降福很广，威仪很整齐。人民又醉又饱，福禄自然回来。”就是这个意思。

赏析与点评

君主应做的是完备各等级，令赏罚能实行，人民相信君主，贤能的人得到任用，人民自然活得安乐。当然，前提是君主是贤能的人。

观国之强弱贫富有征验：上不隆礼则兵弱，上不爱民则兵弱，已[1]诺不信则兵弱，庆赏不渐则兵弱，将率不能则兵弱。上好功则国贫，上好利则国贫，士大夫众则国贫，工商众则国贫，无制数度量[2]则国贫。下贫则上贫，下富则上富。故田野县鄙[3]者，财之本也；垣窌[4]仓廪者，财之末也。百姓时和，事业得叙者，货之源也；等赋府库者，货之流也。故明主必谨养其和，节其流，开其源，而时斟酌[5]焉。潢然使天下必有余，而上不忧不足。如是，则上下俱富，交无所藏之。是知国计之极也。故禹十年水，汤七年旱，而天下无菜色者，十年之后，年谷复熟，而陈积有余。是无它故焉，知本末源流之谓也。故田野荒而仓廪实，百姓虚而府库满，夫是之谓国蹶。伐其本，竭其源，而并之其末，然主相不知恶也，则其倾覆灭亡可立而待也。以国持之，而不足以容其身，夫是之谓至贫，是愚主之极也。将以求富而丧其国，将以取利而危其身，古有万国，今有十数焉，是无它故焉，其所以失之一也。君人者亦可以觉矣。百里之国，足以独立矣。

注释

1 已：通“止”，禁止。

2 制：面积。数：数目。度：长度。量：容量。制数度量，即是法度的意思。

3 鄙：五鄙为一县。泛指乡村。

4 垣：矮墙。窌：通“窖”，引申为囤粮的地方。

5 斟酌：酒筛得少叫斟，酒筛得多叫酌。引申为调节的意思。

译文

看国家强弱贫富是有征兆的：上位的人不尊崇礼义，兵力就弱；上位的人不爱人民，兵力就弱；禁止和承诺都不守信，兵力就弱；奖赏不加重，兵力就弱；将帅率领无能，兵力就弱。上位的人爱好功绩，国家就贫穷；上位的人爱好利益，国家就贫穷；士大夫众多，国家就贫穷；工人商人众多，国家就贫穷；没有法度，国家就贫穷。下层人民贫穷，上位的人也贫穷，下层人民富有，上位的人也富有。所以田野乡村，是财富的根本，地窖谷仓，是财富的末节。百姓四时和顺，事业有次序，是财富的源头。等级赋税和国库，是财富的支流。所以英明君主一定严谨培养和顺的情况，节制支流，开发源头，按四时斟酌变化。财富涌来天下一定有余，上位的人不会担忧不足够。如果是这样，就上位和下层的人都富有，互相都多得没有办法收藏。这就是国家计划的极致了。所以帝禹时有十年水患，商汤时有七年旱灾，但天下都没有面带菜色的人。十年之后，每年的谷又再成熟，而旧积蓄还有余。没有其他原因，就是因为知道本末源流。所以田野荒废而国家仓库充实，百姓空虚而国库充满，这就叫作国家垮掉。砍伐了根本，源头枯竭，资源都并入了末流的国家仓库，但君主宰相仍不知道是恶的，这样，国家倾覆灭亡是会立即来到。用国家来维持他一人，但仍然不足以给他容身，这就叫作最贫困，是愚昧君主的极致。想要取得富贵而丧失了国家，想要取得利益而危害自身，古代有一万个国家这样，现在有十数个国家这样，没有其他原因，他们所以失去的原因是一样的。作为君主的人也应该觉悟了。其实面积一百里的小国家，也足够独立了。

赏析与点评

荀子认为墨子主张的非乐、节用，会令天下贫困。因为没有音乐的等级，就没有适当的赞美和装饰，上位者没有威信实行赏罚，辞退不贤，任用贤能，百姓的生产也没有功绩，天下就会混乱而贫困。荀子由富民而成就富国的观点很明显。荀子注重先养政和，开源节流，积极令上下都富有。所以墨子的主张只是消极的追求节用、非乐。荀子赞美财货滚滚，正正见到荀子注重人在天地之间，天生万物养活人民，而成就丰盛的生活。现代的中国资源丰富，但很多人民仍然贫困，是否有实践由富民而富国的政治思路？为何天生万物不足以养人？荀子的看法应有所提示。

王霸篇第十一

本篇导读

《王霸篇》说怎样才可以做到王者和霸者。王者和霸者，是以义和信为道。君主要能够以义和信为标准任用人，才足以容纳天下的贤能之士。而王者要爱民如子，又要能治理远和近，不能的就不是王者。最后更说，明主治理应该掌握纲要而不可太直接详细，让人民和百官尽其职能。这说法和老庄说的无为而治有些接近。但老庄的无为，是不主张为政，而荀子一定要选贤能，崇尚礼义，人民和百官各尽其职，和老庄是不同的。由此可见，荀子之道是肯定不同的人，在不同的范畴，各得其位，各自有成就，肯定一个多元化的人文世界。

故[1]用国者，义立而王，信立而霸，权谋立而亡。三者明主之所谨择也，仁人之所务白也。

注释

1 故：发语词。

译文

治理国家的人，确立公义的就是王者，确立诚信的就是霸者，确立权谋的就只有灭亡。这三者，是英明君主所要谨慎选择的，仁德君子所务必要明白的。

赏析与点评

荀子认为真正的王者和霸者，是以公义和诚信为王霸之道，但君主却常常选择权谋之术，这是应小心的。这不是现代从政者也很需要的准则吗？

故国者，重任也，不以积持之则不立。故国者，世所以新者也，是惮[1]，惮、非变也，改王改行[2]也。故一朝之日也，一日之人也，然而厌焉[3]有千岁之国，何也？曰：援夫千岁之信法以持之也，安与夫千岁之信士为之也。人无百岁之寿，而有千岁之信士，何也？曰：以夫千岁之法自持者，是乃千岁之信士矣。故与积礼义之君子为之则王，与端诚信全之士为之则霸，与权谋倾覆之人为之则亡。三者明主之所以谨择也，仁人之所以务白也。善择之者制人，不善择之者人制之。

注释

1 惮：通“禅”，更替。

2 王：通“玉”。行：步行的礼仪。

3 厌焉：安然。

译文

治理国家，责任重大，但如果不加以经验积累和持守就不能建立。国家，每个世代都会更新的，这就是君主的更替。君主更替并不表示礼义法制变了，而只是佩玉和步行礼仪的改变而已。一日短如一朝，人生短如一日，但千年的国家却安然存在，为什么呢？答：因为国家援引了千年以来的诚信法制来持守着，和用了千年以来的诚信人物来治理。人生寿命长的只可以有一百岁，但国家千年以来都有诚信的人，为什么呢？答：因为国家用了千年的法制来自我持守着，所以有千年的诚信人物。所以用积累礼义的君子来治理，就是王者，用端正诚信完全的人来治理，就是霸者，用权谋倾覆手段来治理，就会灭亡。这三者，是英明君主所以要谨慎选择的，仁德的人所以务必要明白的。善于选择的人可治理人，不善于选择的人只好由他人治理。

赏析与点评

王者和霸者以公义和诚信为标准，但一定要积累持守才能建立公义和诚信。一个朝代的长治久安总是有原因的，传统的建立并不容易。中华民族一直维持到现在也是有原因的，这就是文化的力量。王者和霸者要建立的是文化，而不只是经济和军事力量。

彼持国者，必不可以独也，然则强固[1]荣辱在于取相矣。身能相能，如是者王，身不能，知恐惧而求能者，如是者强；身不能，不知恐惧而求能者，安唯便僻左右亲比己者之用，如是者危削，綦之而亡。国者，巨用之则大，小用之则小；綦大而王，綦小而亡，小巨分流者存。巨用之者，先义而后利，安不恤亲疏，不恤贵贱，唯诚能之求，夫是之谓巨用之。小用之者，先利而后义，安不恤是非，不治曲直，唯便僻亲比己者之用，夫是之谓小用之。巨用之者若彼，小用之者若此，小巨分流者，亦一若彼，一若此也。故曰：『粹而王，驳而霸，无一焉而亡。』此之谓也。

注释

1 固：通“盬”（gǔ），脆弱。

译文

那些治理国家的人，一定不可以独自一人治理，国家的强大或脆弱、光荣或耻辱都在于取用的宰相。君主自身贤能，宰相贤能，这样就能称王天下。君主自身不贤能，但知道恐惧而寻求贤能的人，这样国家就能强大。君主自身不贤能，但不知道恐惧而寻求贤能的人，只任用身边小人、左右亲近自己的人，这样国家就会危险削弱，到极致就会灭亡。国家，治理得大就会强大，治理得小就会弱小，大到极致就称王天下，小到极致就会灭亡，小大各一半就会存在。大治的国家，是先实行公义然后才求利益，任用人不理会亲疏，不理会贵贱，只有诚信才能够求得到，这就叫作大治国家。小治的国家，是先求利益然后才实行公义，治理时不理会是非对错，不分曲直，只任用身边小人、亲近自己的人，这就叫作小治国家。大治国家是那样，小治国家是这样，小治和大治各一半，有时像那样，有时像这样。所以说：“纯粹实行公义，任用贤人就是王者。驳杂追求利益，任用贤人和小人就是霸者。一些公义也没有，不任用贤人，就会灭亡。”就是这个意思。

赏析与点评

王者霸者都要以义和信为道，由这个标准而任用官员治理天下，才能成为大国。全国官员都是小人，追求利益，不追求公正，即使经济多么强劲，国家又怎么可能成为大国呢？

上莫不致爱其下，而制之以礼。上之于下，如保赤子，政令制度，所以接下之人百姓，有不理者如豪末，则虽孤独鳏寡必不加焉。故下之亲上，欢如父母，可杀而不可使不顺。君臣上下，贵贱长幼，至于庶人，莫不以是为隆正；然后皆内自省，以谨于分。是百王之所同也，而礼法之枢要也。然后农分田而耕，贾分货而贩，百工分事而劝，士大夫分职而听，建国诸侯之君分土而守，三公总方而议，则天子共[1]己而止矣。出若入若，天下莫不均平，莫不治辨。是百王之所同，而礼法之大分也。

注释

1 共：通“拱”。

译文

上位的人没有不爱他下面的人民，而会用礼义节制他们。上位的人对于下面的人民，好像保护赤子一样，政令和制度，都是用来接应下面的人民百姓，有些不合理的地方，即使好像毫毛那样细小，也一定不会加在鳏寡孤独的人身上。所以在下的人民亲爱上位的人，欢喜得好像对待父母。你可以杀死这样的人民，但不可以令他们不顺从君主。无论君臣上下，贵贱长幼，到平民百姓，没有不认为这是最高而正当的标准。然后人人都向内自我反省，小心谨慎处理自己的名分。这是历代圣王所相同的，也是礼法的枢纽。然后农人分配田地耕种，商人分配货物贩卖，工人分配事务去用力，士大夫分配职位去处理政务，建立国家的诸侯君主分配了土地就要守护，三公总括各方面事务而议政，天子让自己拱手就可以了。朝廷内外，天下没有不平均的，没有不治理的。这是历代圣王相同的，礼法的纲要。

赏析与点评

君主对人民如赤子，人民对君主如父母，这是圣王相同的地方。这是因为由上而下人人都向内自我反省。这是中国文化一直以来希望提升人精神的方向，要人反求诸己。

主道：治近不治远，治明不治幽，治一不治二。主能治近则远者理，主能治明则幽者化，主能当一则百事正。夫兼听天下，日有余而治不足者，如此也，是治之极也。既能治近，又务治远；既能治明，又务见幽；既能当一，又务正百，是过者也，过犹不及也。辟[1]之是犹立直木而求其影之枉也。不能治近，又务治远；不能察明，又务见幽；不能当一，又务正百，是悖者也。辟之是犹立枉木而求其影之直也。故明主好要，而暗主好详；主好要则百事详，主好详则百事荒。君者、论[2]一相，陈一法，明一指[3]，以兼覆之，兼照之，以观其盛者也。相者，论列百官之长，要百事之听，以饰[4]朝廷臣下百吏之分，度其功劳，论其庆赏，岁终奉其成功以效于君。当则可，不当则废。故君人劳于索之，而休于使之。

注释

1 辟：通“譬”。

2 论：通“抡”，选择。

3 指：通“旨”。

4 饰：通“饬”，整治。

译文

君主之道：治理近处的事情，不治理远处的事情，治理光明的事情，不治理幽暗的事情，治理统一的事情，不治理各样琐碎事情。君主能够治理近处的事情，远方的事情也能治理；君主能够治理光明的事情，幽暗的事情也能受教化；君主能够适当地处理统一事务，其他一百件事情也会正确。君主能够同时处理天下事情，做到每日时间有余，而要治理的事情不足，这样，就是治理的极致。既治理近处，又力求治理远方，既治理光明的，又力求看见幽暗的，既适当地处理统一事情，又力求令百样事情都正确，这就是过分要求了，过分犹如不及，同样不对。譬如：好像要竖立直的木块而要求它的影是弯曲的一样。不能够治理近处，又力求治理远处，不能够明察光明的，又力求看见幽暗的，不能够适当处理统一的事情，又力求百样事情正确，就是道理上违背了。譬如：好像竖立弯曲的木块而要求它的影是直的一样。所以英明君主爱好掌握纲要，而昏聩君主爱好管详细事务。君主爱好掌握纲要，百样事情也会管得详细。君主爱好管详细事务，百样事情就荒废了。君主，只选一个宰相，公布一种法制，说明一个宗旨，这样同时覆盖一切，照明一切，而可以看见国家兴盛。宰相，选择排列百官的长官，总管百事的处理，用来整饬朝廷臣下官吏的名分，量度他们的功劳，论定他们的奖赏，年终时把他们成功的事报告君主。适当就给予肯定，不适当就要废除。所以君主应劳苦地寻求宰相，休闲地使用宰相。

赏析与点评

君主之道，是治近不治远，治明不治幽，治一不治二。想同时治远和近、幽和明、一和百，就是过分。不能治近而想治远，不能察明而想见幽，不能处理统一的而想处理繁琐事务，就是违背。所以明主和暗主的分别，是掌握纲要，不是琐碎细目。我们有时看见领导人只孜孜处理民间细务，就知道他是暗非明了。

儒者为之不然，必将曲辨[1]：朝廷必将隆礼义而审贵贱，若是，则士大夫莫不敬节死制者矣。百官则将齐其制度，重其官秩，若是，则百吏莫不畏法而遵绳矣。关市几[2]而不征，质律[3]禁止而不偏，如是，则商贾莫不敦悫而无诈矣。百工将时斩伐，佻[4]其期日，而利其巧任，如是，则百工莫不忠信而不楛[5]矣。县鄙[6]则将轻田野之税，省刀布之敛，罕举力役，无夺农时，如是，则农夫莫不朴力而寡能矣。士大夫务节死制，然而兵劲。百吏畏法循绳，然后国常不乱。商贾敦悫无诈，则商旅安，货通财，而国求给矣。百工忠信而不楛，则器用巧便而财不匮矣。农夫朴力而寡能，则上不失天时，下不失地利，中得人和，而百事不废。是之谓政令行，风俗美，以守则固，以征则强，居则有名，动则有功。此儒之所谓曲辨也。

注释

1 辨：通“办”，治理。

2 几：通“讥”，检查。

3 质律：贸易时用的代金券，引申为贸易。

4 佻：通“迢”，远。引申为放宽。

5 楛：通“盬”，粗劣。

6 县鄙：五鄙为县，泛指郊野。

译文

儒者不是这样的，一定会曲折地治理好国家。朝廷上，儒者一定会尊崇礼义而审明贵贱，这样，士大夫就没有不尊敬礼节，愿意为礼制而死了。对待百官，儒者就会统一整齐制度，注重官职的俸禄，这样，百官就没有不敬畏法制而愿遵从标准。对于关卡和市集，检查而不征税，对于贸易，禁止作假而做到不偏听，这样，商人就没有不敦厚诚实而没有欺诈。对于各种工匠，要按时节斩伐木材，放宽期限，有利他们发挥技巧，这样，百工就没有不忠诚信实而不会制作粗劣产品。对待乡村田野，会减轻农田的征税，减省货币的敛取，减少举行劳力的役使，不会侵夺农人的时节，这样，农夫就没有不朴实地努力耕作，而不会寻求其他能力维生。士大夫力求节义而愿为礼制而死，这样，兵力就强劲。百官敬畏法制标准，然后国家就可以经常不乱。商人敦厚老实不欺诈，外来的商旅就安全，货物金钱就能流通，国家的需求就得到供给。各种工匠诚信而不制作粗劣，器物用具精巧便利，财物就不会匮乏。农夫朴实努力而不寻求其他能力，这样就在上不会失去天时，在下不会失去地利，中间得到人和，各种事情不会废弛，这就叫作政令能够通行，风俗美善。以这种治理方式来持守国家就能稳固，出征就会强大有力，安居就有名声，劳动就有功绩。这就是儒家所说的曲折治理了。

赏析与点评

儒者的曲辨治理，其实就是尊崇礼义，明察贵贱百官，少税，令各人可以各尽其职。这就是说，君主应该掌握纲要，而不是各人具体的职务，所以叫作曲辨。

君道篇第十二

本篇导读

《君道篇》是说君子是治理天下的本源。首先说君子是法制的本源，君主要培养这个本源，即是首先君主要自己修养德行，做一个君子。再说君主之道，在于用礼法施行。又说君主是日晷仪，人民是影。君主又要能治理群体，安排好职分、事业统领各类人物。君主又不可以独自一人治理，一定要有人辅助。可见荀子的君主，是一个能够由仁心和智慧令群众都能够生活，各得其位，各自表现出贤能，又有衣服花纹的兴盛来装饰，令人民亲近和安乐的人。君主的地位虽在上位，但治理群众的心意也应该说清楚，才能贯通上下。这种主张大体上和儒家孔孟的君道主张相同，但和法家韩非子说君主的心意不可让人知道的主张相反。荀子特别就君主的各种治理人的具体事情来说，可见荀子说君主能够统领天下，正在于能够清楚知道，要贯通到不同种类的人和不同种类的事。可见荀子的圣王是对整个人文世界的肯定和统一。

有乱君，无乱国；有治人，无治法，羿[1]之法非亡也，而羿不世中；禹之法犹存，而夏不世王。故法不能独立，类[2]不能自行；得其人则存，失其人则亡。法者、治之端也；君子者、法之原也。故有君子，则法虽省，足以遍矣；无君子，则法虽具，失先后之施，不能应事之变，足以乱矣。不知法之义，而正法之数者，虽博，临事必乱。故明主急得其人，而暗主急得其势。急得其人，则身佚而国治，功大而名美，上可以王，下可以霸；不急得其人，而急得其势，身劳而国乱，功废而名辱，社稷必危。故君人者，劳于索之，而休于使之。《书》曰：『惟文王敬忌，一人以择。』此之谓也。

注释

1 羿：即后羿，夏朝善于射箭的人。

2 类：法制的类属，泛指法则。

译文

有令国家混乱的君主，没有自然混乱的国家。有令国家治理的人，没有自然治理的法制。后羿的射箭方法没有消失，但后羿不能令后世的人都射中。大禹的法制仍然存在，但夏朝不能在后世称王天下。所以单单法制不能独立治国，法则不能自然执行。得到治国人才，国家才存在，没有治国人才，国家就会灭亡。法制，是治理国家的开端，君子，是法制的本源。所以只要有君子，法制即使省略一些，也足以普遍地使用。没有君子，法制即使俱全，实施时也会失去先后次序，不能够应付事情变化，足以造成混乱。不知道法制的意义，只知做修正法制条文的人，虽然知道得多，遇到事情一定会混乱。所以英明君主会急于得到君子，而昏昧的君主就会急于得到权势。急于得到君子的，自己就会安逸而国家得到治理，功绩大而声名美好，做得好可以成为王者，差一些也可以成为霸者。不急于得到君子而急于得到权势的，自己就会劳累而国家混乱，功绩偏废而名声受辱，社稷一定危险。所以君主应尽力寻找君子，而使用君子时自己就可以休息。《尚书》说：“因为周文王恭敬戒惧，自己小心选择。”就是这个意思。

赏析与点评

现代人崇尚法制，荀子则重视人才。荀子说得清楚，法制只是开端，最后也要由人执行。所以说君子才是本源。社会上没有君子，只有小人，再怎么良好的法制也是枉然。荀子重视培养人成为君子，是培养人才，认为这才是治国的根本。

合符节[1]，别契券[2]者，所以为信也；上好权谋，则臣下百吏诞诈之人乘是而后欺。探筹、投钩者，所以为公也；上好曲私，则臣下百吏乘是而后偏。衡石[3]称县者，所以为平也；上好覆倾，则臣下百吏乘是而后险。斗斛敦概[4]者，所以为啧[5]也；上好贪利，则臣下百吏乘是而后丰取刻与，以无度取于民。故械数者，治之流也，非治之原也；君子者，治之原也。官人守数，君子养原；原清则流清，原浊则流浊。故上好礼义，尚贤使能，无贪利之心，则下亦将綦辞让，致忠信，而谨于臣子矣。如是则虽在小民，不待合符节，别契券而信，不待探筹投钩而公，不待衡石称县而平，不待斗斛敦概而啧。故赏不用而民劝，罚不用而民服，有司不劳而事治，政令不烦而俗美。百姓莫敢不顺上之法，象上之志，而劝上之事，而安乐之矣。故藉敛[6]忘费，事业忘劳，寇难忘死，城郭不待饰而固，兵刃不待陵[7]而劲，敌国不待服而诎，四海之民不待令而一，夫是之谓至平。《诗》曰：『王犹允[8]塞，徐[9]方既来。』此之谓也。

注释

1 符节：古代的出入关凭证。把写有文字的竹片一分为二，双方各持一片，两片合起来完全符合，才可通行。

2 契券：也是古代的一种凭证，和符节相似。两半相合，契合才有效，故叫契券。

3 衡石：量度重量器具的通称。衡，秤。石，古代重量单位，一百二十斤为一石。

4 斗斛敦概：斛，古代量器，十斗为一斛。敦，量黍稷的器具，一斗二升为一敦。概，量米时刮平斛斗的木板。

5 啧：通“嫧”，整齐，划一。

6 藉：进贡。敛：赋税。

7 陵：通“凌”，冰，引申冷却，淬炼。

8 允：真的。

9 徐：国名。

译文

把符节相合，辨别契券，是因为要有信用。上位的人爱好权谋，臣下百官中诡诈欺骗的人会乘机跟着欺骗。抽签，投钩，是因为要公正。上位的人爱好偏私，臣下百官就乘机跟着偏私。用衡石称量，是因为要公平。上位的人爱好倾覆一边，臣下百官就会乘机跟随行险。用斗斛敦概，是因为要划一标准。上位的人爱好贪取利益，臣下百官就会乘机跟随多拿少给，以至无限度地由人民身上拿取。所以器械方法，都是治理的支流，不是治理的本源。君子才是治理的本源。官员遵守法则，君子培养本源，本源清澈，支流就清澈，本源混浊，支流就混浊。所以上位的人爱好礼义，崇尚贤能，没有贪图利益的心，在下的百官也会极能辞让，极忠信，而谨慎地做臣子。这样，在平民之中，不必等待符节相合和辨别契券就有信用，不必等待抽签投钩而有公正，不必等待衡石称量而有公平，不必等待斗斛敦概而有划一标准。所以君主不用奖赏而人民勤勉，不用刑罚而人民服从，官员不用劳力而事情已治理好，政令不必繁琐而风俗自然美好，百姓没有敢于不顺从上位者的法制，百姓跟从上位者的意志，做上位者给予的事情，而感到安乐。所以人民纳税而不觉破费，做成事业而不觉劳累，对抗外来入侵而不怕死。城郭不必等待整饬而坚固，兵刃不必等待磨砺而强劲。敌国不必等待征服而顺从，四海人民不必等待政令而统一起来。这就叫作极太平。《诗经》说："王道真的充满了，徐国已经来顺从。"就是这个意思。

赏析与点评

法制法律条文愈细微，表示社会上下官员人民的修养愈差。荀子指出，只要有上下一心、极有修养的臣民，不必等待很多条文法则来规定，社会自然就能太平。可见人的德行修养比法制更为根本。

请问为人君？曰：以礼分施，均遍而不偏。请问为人臣？曰：以礼待君，忠顺而不懈。请问为人父？曰：宽惠而有礼。请问为人子？曰：敬爱致文。请问为人兄？曰：慈爱而见友。请问为人弟？曰：敬诎而不苟。请问为人夫？曰：致功而不流，致临而有辨。请问为人妻？曰：夫有礼则柔从听侍，无礼则恐惧而自竦[1]也。此道也，偏立而乱，俱立而治，其足以稽[2]矣。请问兼能之奈何？曰：审之礼也。古者先王审礼以方皇[3]周浃[4]于天下，动无不当也。故君子恭而不难[5]，敬而不恐，贫穷而不约，富贵而不骄，并遇变态而不穷，审之礼也。故君子之于礼，敬而安之；其于事也，径而不失；其于人也，寡怨宽裕而无阿；为身也，谨修饰而不危[6]；其应变故也，齐给[7]便捷而不惑；其于天地万物也，不务说其所以然，而致善用其材；其于百官之事技艺之人也，不与之争能，而致善用其功；其待上也，忠顺而不懈；其使下也，均遍而不偏；其交游也，缘义而有类；其居乡里也，容而不乱。是故穷则必有名，达则必有功，仁厚兼覆天下而不闵[8]，明达用[9]天地理万变而不疑，血气和平，志意广大，行义塞于天地之间，仁智之极也。夫是之谓圣人；审之礼也。

注释

1 竦：肃敬。

2 稽：通“楷”，楷模。

3 方皇：广大。

4 周浃：周遍。

5 难：通“戁”，畏惧。

6 危：凶险，险诈。

7 齐给：敏捷快速。

8 闵：通“昧”。

9 用：治。

译文

请问怎样做君主？答：用礼义来施行，平均普遍而不偏私。请问怎样做臣子？答：用礼义来对待君主，忠诚顺从而不懈怠。请问怎样做父亲？答：宽厚仁惠而有礼义。请问怎样做子女？答：敬爱父母而致力礼仪。请问怎样做兄长？答：慈爱弟弟而表现亲爱。请问怎样做弟弟？答：尊敬顺从而不随便。请问怎样做丈夫？答：致力功业而不流于淫乱，致力亲近妻子而保持适当界限。请问怎样做妻子？答：丈夫有礼义就柔顺听从，丈夫没有礼义就谨慎小心而独自保持肃敬。这个道，偏于一面地实行就会混乱，全部实行就能治理，足以作为楷模了。请问怎样才能够同时做到？答：要审察礼义。古代先圣王审察礼义，广大周遍实行于天下，行动没有不当的。所以君子恭敬而不畏惧，尊敬而不恐惧，贫穷而不卑屈，富贵而不骄傲，同时遇到变化，能应付而不会穷尽，就是审察礼义的缘故。所以君子对于礼义，尊敬而安守礼义。对于事务，直接处理而不失误。对于人，少怨恨、宽大而不阿谀。对于自己，谨慎修饰而不险诈。应变事故，迅速快捷而不疑惑。对于天地万物，不会说明万物的所以然，但能善于使用万物为材料。对于百官的事务和有技艺的人才，不会与他们竞争技能，而能善于使用而成就功绩。对待上位的人，忠诚顺从而不懈怠。使用下属，平均周遍而不偏私。和朋友结交，缘于礼义而有法度。和乡人邻居相处，待人宽容而不乱法度。所以君子如果穷困，也一定会有名声。显达，就一定有功绩。仁厚能够同时覆盖天下而不会昏昧，明达治理天地，处理万物变化，心情平和，志向意念广大，实行礼义充塞于天地之间，这就是仁德智慧的极致了。这就叫作圣人，因为他能够审察礼义。

赏析与点评

荀子重视君主的德行，有德行是会合符礼义的。政治事务变化万千，从政者如何能应付这千变万化的政治风云？荀子认为有德行的君子，会跟从礼义之道而应对，这就自然能够适当地处理，可以应付无穷。现实中的从政者，多数人不懂应变，错误频出，相信和个人德行也有关系。

请问为国？曰：闻修身，未尝闻为国也。君者仪[1]也，民者景也，仪正而景正。君者盘也，民者水也，盘圆而水圆。君者盂[2]也，盂方而水方。君射则臣决[3]。楚庄王好细腰，故朝有饿人。故曰：闻修身，未尝闻为国也。

注释

1 仪：指日晷，用日影量度时间的仪器。

2 盂：盛水的器皿。

3 决：扳指，古代射箭时用来钩弦的象骨指套。

译文

请问君主怎样治理国家？答：只听过君主要修养自身，没有听过怎样治理国家。君主是日晷仪，人民是影子，日晷仪摆放得正，影子就会正。君主是盆，人民是水，盆是圆的，水就是圆的。君主是盂，盂是方形的，水就是方形的。君主喜欢射箭，臣子就会套上射箭用的决。楚庄王喜欢细腰的人，所以朝廷中就有挨饿的人。所以说：只听过君主要修养自身，没有听过怎样治理国家。

赏析与点评

荀子说治国的根本，在于修身。在上位者，人格修养是最重要的。所以一个人无论如何能干，如果人格修养有问题，是不宜在上位的。

道者，何也？曰：君之所道也。君者，何也？曰：能群也。能群也者，何也？曰：善生养人者也，善班[1]治人者也，善显[2]设人者也，善藩饰人者也。善生养人者人亲之，善班治人者人安之，善显设人者人乐之，善藩饰人者人荣之。四统者俱，而天下归之，夫是之谓能群。不能生养人者，人不亲也；不能班治人者，人不安也；不能显设人者，人不乐也；不能藩饰人者，人不荣也。四统者亡，而天下去之，夫是之谓匹夫。故曰：道存则国存，道亡则国亡。省工贾，众农夫，禁盗贼，除奸邪：是所以生养之也。天子三公，诸侯一相，大夫擅官，士保职，莫不法度而公：是所以班治之也。论[3]德而定次，量能而授官，皆使其人载其事，而各得其所宜，上贤使之为三公，次贤使之为诸侯，下贤使之为士大夫：是所以显设之也。修冠弁[4]衣裳，黼黻文章，琱琢刻镂，皆有等差：是所以藩饰也。

注释

1 班：通“办”，治理。

2 显：提拔任用。

3 论：审察。

4 弁：帽。

译文

道是什么？答：君子所实践的就是道。君主是什么？答：能领导群众。能领导群众是什么意思？答：善于养活人民，善于治理人民，善于任用安排人民，善于制作不同文饰给人民。善于养活人民的人，人民会亲近他；善于治理人民的人，人民会对他安心；善于任用安排人民的人，人民会乐于看见他；善于制作不同文饰给人民的人，人民会以他为荣。这四个统要都具备了，天下人都会归顺他。这就叫作能领导群众。不能够养活人民的人，人民不会亲近；不善于治理人民的人，人民不会对他安心；不善于任用安排人民的人，人民不会乐于看见他；不善于制作不同文饰给人民的人，人民不会以他为荣。这四个统要都失去了，天下人都会离开他。这就叫作匹夫。所以说：道存在，国家就存在，道灭亡，国家就灭亡。减省工人商人，增加农夫，禁止盗贼，除去奸邪的人，就能够养活人民。天子有三公辅助，诸侯有宰相辅助，大夫擅长自己的官职，士保持自己的职责，没有不按法度而公正处理，这就能够治理人民。审察德行而决定职位高低次序，量度能力而授予官职，令人人都能承载他的事务而各自得到适宜的职位。上等贤人给他做三公，次等贤人给他做诸侯，下等贤人给他做士大夫，这就是能够任用安排。修饰帽子衣裳，绘上花纹，雕琢刻镂都表示有等级差别，这就是能够制作不同文饰。

赏析与点评

君主所做的完全是为了人民。所谓统，就是审明职分，排列事业、才能，统领各类人才，令人人能亲近、安乐，以君主为荣。君子是能由仁德智慧令人人都能够生活，各得其位，表现能力的。可见君主应跟从的这个道，是一个德性之道。

臣道篇第十三

本篇导读

《臣道篇》说有各种不同的臣子，有态臣、篡臣、功臣、圣臣等。能用圣臣的君主就能成为王者。如果是苟且迎合君主的臣子就是国贼。又说能够对抗君命，反对君主，以国家安危为念，成就国家大利的，就是社稷之臣。又说到臣子应如何对待圣君、中君、暴君，又说到大忠、次忠、下忠的臣子。最后说臣子对君主，可以有诤然后善，夺然后义，杀然后仁的革命行为，革命就是臣子对待暴君之道。这说法和孟子说诛桀纣即诛一夫的观点相似。所以，儒家并非主张盲目遵从君主。

人臣之论[1]：有态[2]臣者，有篡臣者，有功臣者，有圣臣者。内不足使一民，外不足使距[3]难，百姓不亲，诸侯不信；然而巧敏佞说，善取宠乎上，是态臣者也。上不忠乎君，下善取誉乎民，不恤公道通义，朋党比周，以环主图私为务，是篡臣者也。内足使以一民，外足使以距难，民亲之，士信之，上忠乎君，下爱百姓而不倦，是功臣者也。上则能尊君，下则能爱民，政令教化，刑[4]下如影，应卒遇变，齐给[5]如响，推类接誉[6]，以待无方，曲[7]成制象[8]，是圣臣者也。故用圣臣者王，用功臣者强，用篡臣者危，用态臣者亡。态臣用则必死，篡臣用则必危，功臣用则必荣，圣臣用则必尊。故齐之苏秦，楚之州侯[9]，秦之张仪，可谓态臣者也。韩之张去疾[10]，赵之奉阳[11]，齐之孟尝，可谓篡臣也。齐之管仲，晋之咎犯[12]，楚之孙叔敖，可谓功臣矣。殷之伊尹，周之太公，可谓圣臣矣。是人臣之论也，吉凶贤不肖之极也。必谨志之！而慎自为择取焉，足以稽矣。

注释

1 论：通“伦”，类别。

2 态：态度，引申为阿谀奉承的样子。

3 距：通“拒”。

4 刑：通“型”，典范，榜样。

5 齐给：迅速。

6 誉：通“与”，同类。

7 曲：曲折周到。

8 制象：制度法则。

9 州侯：楚顷襄王的宠臣。

10 张去疾：韩厘王的宰相。

11 奉阳：奉阳君，赵国宰相。

12 咎犯：咎，通“舅”，狐偃，字子犯，晋文公之舅，助晋文公称霸，故称舅犯。

译文

臣子的类别：有阿谀奉承的臣子，有篡夺权位的臣子，有立功的臣子，有圣贤的臣子。对内不能统一人民，对外不能抵御患难，百姓不亲近他，诸侯不信任他，但口齿伶俐善于取得君主宠信，这些就是阿谀奉承的臣子。对上不忠于君主，对下善于取得人民赞誉，不理会公正之道和共通之义，结成朋党，力求环绕君主图谋私利，这些就是篡夺权位的臣子。对内能够统一人民，对外能够抵御患难，人民亲近他，士人信任他，对上忠于君主，对下仁爱百姓而不觉疲倦，这些就是立功的臣子。对上能够尊敬君主，对下能仁爱人民，政令和教化好像影子那样能成为人民典范，应付突然遇到的变化，能够好像回响那样迅速，由同类推理，用来对待变化无方的情况，曲折周到形成制度法则，这些就是圣贤的臣子。所以用圣贤臣子的君主可以称王天下，用立功臣子的可以强大，用篡夺权位臣子的有危险，用阿谀奉承臣子的会灭亡。用阿谀奉承臣子的一定会死，用篡夺权位臣子的一定会有危险，用立功臣子的一定会繁荣，用圣贤臣子的一定受尊敬。齐国的苏秦，楚国的州侯，秦国的张仪，可以叫作阿谀奉承的臣子。韩国的张去疾，赵国的奉阳君，齐国的孟尝君，可以叫作篡夺权位的臣子。齐国的管仲，晋国的咎犯，楚国的孙叔敖，可以叫作立功的臣子。殷商的伊尹，周朝的姜太公，可以叫作圣贤的臣子。这就是臣子的类别，是国家吉凶安危、君主贤不肖的标准，君主一定要谨记而慎重地自己选择取用，可以作为准则。

赏析与点评

荀子说臣道，有各种臣子，有态臣、篡臣、功臣、圣臣。以功臣和圣臣为臣道的标准，可以统一人民，抵御患难，忠君爱民，实行政令教化，应付变化，制定准则，才是功臣和圣臣。这就是荀子的臣道，也可以作为现今选贤与能的参考标准。

从命而利君谓之顺，从命而不利君谓之谄；逆命而利君谓之忠，逆命而不利君谓之篡；不恤君之荣辱，不恤国之臧否[1]，偷合苟容以持禄养交而已耳，谓之国贼。君有过谋过事，将危国家殒社稷之惧也；大臣父兄，有能进言于君，用则可，不用则去，谓之谏；有能进言于君，用则可，不用则死，谓之争[2]；有能比[3]知同力，率群臣百吏而相与强君挢[4]君，君虽不安，不能不听，遂以解国之大患，除国之大害，成于尊君安国，谓之辅；有能抗君之命，窃君之重，反君之事，以安国之危，除君之辱，功伐足以成国之大利，谓之拂[5]。故谏争辅拂之人，社稷之臣也，国君之宝也，明君之所尊厚也，而暗主惑君以为己贼也。故明君之所赏，暗君之所罚也；暗君之所赏，明君之所杀也。伊尹箕子[6]可谓谏矣，比干[7]子胥[8]可谓争矣，平原君[9]之于赵可谓辅矣，信陵君[10]之于魏可谓拂矣。传曰：『从道不从君。』此之谓也。

注释

1 臧否：好坏。

2 争：通“诤”。

3 比：合。

4 挢：通“矫”。

5 拂：通“弼”，匡正。

6 箕子：商朝纣王的叔父，因为劝纣王而被囚禁。

7 比干：商朝纣王的叔父，因为劝纣王而被剖心。

8 子胥：伍子胥，吴国大夫，助吴王破楚，成就霸业，后来多次劝谏吴王夫差，夫差怒，赐剑逼他自杀。

9 平原君：赵胜，赵惠文王弟，号平原君，战国四公子之一。三任赵相，秦军围困赵都邯郸，平原君坚守，向楚魏求救，后击败秦军，保存赵国。

10 信陵君：魏无忌，魏安厘王弟，号信陵君，战国四公子之一。秦围赵都，平原君求救，魏王派晋鄙救赵，但又畏秦，要晋鄙按兵不动，信陵君劝谏无效，便窃取兵符，击杀晋鄙，夺取兵权，最后救赵胜秦。

译文

臣子服从君主命令而有利君主的，就叫作顺从；服从君主命令而不利君主的，就叫作谄媚；不服从君主命令而有利君主的，就叫作忠诚；不服从命令而不利君主的，就叫作篡夺；不理会君主的荣辱，不理会国家的好坏，苟且迎合君主，用来维持俸禄，结交党羽，这就叫作国贼。君主谋划会有过失，做事会有过失，将会危及国家，社稷恐怕也会灭亡。不论大臣、父亲、兄长，有人能够进言给君主，进言采用就最好，不采用就离去，这就叫作劝谏；有人能够进言给君主，进言采用就最好，不采用就宁愿死，这就叫作诤谏；有人能够合力用智慧，率领群臣百官一起去勉强君主、矫正君主，君主虽然感到不安，但不能不听从，因此而解除国家的大患难，去除国家的大祸害，使人民尊敬君主、国家安定，这就叫作辅助；有人能够违抗君主的命令，窃取君主的重权，反对君主的行事，用来安定国家的危险情况，除去了君主的耻辱，功绩足以成就国家的大利益，这就叫作匡正。所以进谏、诤谏、辅助、匡正的人，是社稷的大臣，国家君主的宝贝，英明君主所尊敬厚待的人。而昏昧的君主、受迷惑的君主，就以为这些人是和自己对抗的贼人。所以英明君主所奖赏的人，就是昏昧君主所惩罚的人，昏昧君主所奖赏的人，就是英明君主所要杀的人。伊尹、箕子，可以叫作进谏的人；比干、伍子胥；可以叫作诤谏的人。赵国的平原君，可以叫作辅助的人；魏国的信陵君，可以叫作匡正的人。古书说：“跟从道，不跟从君主。”就是这个意思。

赏析与点评

很明显，荀子很尊敬君主，但不是盲目的愚忠，他认为遵从道，较遵从君主更基本，君主也要遵从道而行。所以荀子才有抗君之命，窃君之重，反君之事的观点。由此可见，儒家在早期已反对愚忠，不能把儒家思想等同于愚忠。

事圣君者，有听从无谏争；事中君者，有谏争无谄谀；事暴君者，有补削[1]无挢拂。迫胁于乱时，穷居于暴国，而无所避之，则崇其美，扬其善，违[2]其恶，隐其败，言其所长，不称其所短，以为成俗。诗曰：『国有大命，不可以告人，妨其躬身。』此之谓也。

注释

1 削：除去。

2 违：通“讳”，避忌，避开不说。

译文

侍奉圣贤君主的人，有听从而没有谏诤；侍奉中等君主的人，有谏诤而没有谄媚阿谀；侍奉暴君的人，有补救和去除过失，而没有强行矫正匡正。被逼迫威胁于乱世时代，穷困地居于暴乱国家之中，不能逃避时，就会推崇君主的美德，赞扬君主的善良，避开不说君主的罪恶，隐瞒君主的失败，只说君主的长处，不说他的短处，以成就人民的好风俗。《诗经》说：“国家有重大命令，不可以告诉别人，恐怕会妨碍人民自身实践。”就是这个意思。

赏析与点评

荀子说事圣君、中君、暴君之道。听从君主，是以圣贤君主为前提。在不得已时，仍然是为国家人民着想，尽量令君主的短处不影响人民。具体的做法可能有所争论，但明显目的都是为国家人民，而不是君主自己。

有大忠者，有次忠者，有下忠者，有国贼者：以德复[1]君而化之，大忠也；以德调君而辅之，次忠也；以是谏非而怒之，下忠也；不恤君之荣辱，不恤国之臧否，偷合苟容以持禄养交而已耳，国贼也。若周公之于成王也，可谓大忠矣；若管仲之于桓公，可谓次忠矣；若子胥之于夫差，可谓下忠矣；若曹触龙[2]之于纣者，可谓国贼矣。

注释

1 复：另作“覆”。——编者注

2 曹触龙：商朝纣王的将领。

译文

有最大忠诚的人，有次等忠诚的人，有下等忠诚的人，有国家的盗贼。用道来覆盖君主而教化他，就是最大忠诚。用德行调教君主而辅助他，是次等忠诚；用正确的意见来进谏君主的错误而向君主发怒，是下等忠诚；不理会君主的荣辱，不理会国家的好坏，苟且迎合君主，用来维持俸禄，结交党羽，就是国家的盗贼。好像周公对待周成王，可说是最大忠诚；好像管仲对待齐桓公，可说是次等忠诚；好像伍子胥对待吴王夫差，可说是下等忠诚；好像曹触龙对待商纣，可说是国家的盗贼了。

赏析与点评

荀子说臣子有大忠、次忠、下忠和国贼。最好是君主是圣贤，或引导君主向圣贤，不用等君主有错误才反对。当积习已成，要改便很困难。所以到君主有错误时才进谏，已是下等了。

通忠之顺，权[1]险之平，祸乱之从声，三者非明主莫之能知也。争然后善，戾然后功，生死无私，致忠而公，夫是之谓通忠之顺，信陵君似之矣。夺然后义，杀然后仁，上下易位然后贞，功参天地，泽被生民，夫是之谓权险之平，汤武是也。过而通情，和而无经[2]，不恤是非，不论曲直，偷合苟容，迷乱狂生，夫是之谓祸乱之从声，飞廉[3]恶来[4]是也。传曰：『斩而齐，枉而顺，不同而一。』诗曰：『受小球大球[5]，为下国缀旒[6]。』此之谓也。

注释

1 权：权衡，权变，变通。

2 经：不变的常道。

3 飞廉：纣王宠臣。

4 恶来：飞廉之子，善谗。

5 球：通“捄”，法度。

6 缀旒：装饰的旗。

译文

臣子有全心贯彻忠诚的顺从，有权衡危险的平安，有造成祸乱的附和声，这三者不是英明君主是不能知道的。诤谏然后才有善政，违背然后才能立功，宁死而无私，做到忠诚而公正，这就叫作全心贯彻忠诚的顺从，信陵君似这类臣子。夺取然后才是正义，杀掉然后才是仁德，上位和下位的人变换地位然后才是忠贞。功绩与天地并列，恩泽覆盖人民，这就叫作权衡危险的平安，商汤、周武王就是。君主有过失而同情他，附和君主而没有跟从不变的常道，不理会对错、不理会曲直，苟且迎合君主、迷惑昏乱的狂生，这就叫作造成祸乱的附和声，飞廉、恶来就是。古书说：“所以斩之，取其齐也；所以枉曲之，取其顺也；所以不同，取其一也。”《诗经》说：“接受小法度和大法度，为其他国家树立旗帜。”就是这个意思。

赏析与点评

荀子认为臣子有时要夺然后义，杀然后仁，上下易位然后贞，好像汤武的革命，因为桀纣不是圣贤君主。因此，要跟从常道，才知道真正对错，不论君臣，最终标准都是这个道，而不是纯粹对君主的忠诚。

致士篇第十四

本篇导读

《致士篇》说君主怎样才可以延揽有德之人，说君主得到贤能之人之道。首先说君主根据听人说话，衡量所听到的，由此而延揽贤能之士，退却奸邪，进用忠良。重点在于辨别奸言和忠言，然后才能延揽有德之人。而君主也应该要确实任用贤能，任用贤能的方法是宽容恭敬容纳人民，然后中和明察辅助人民，然后才是进退、赏罚人民。墨家也主张尚贤，但只说赏罚，而道家则只主张宽容。而荀子就同时主张这两点，又知道中和明察辅助的意义。荀子又同时把孔孟师友之道用于政治之中。所以荀子说政治要以教育为根本，再说到成为老师的四种方法，注重老师的德行和诵读经典。最重要的是都是根据道而培养延揽人才。

衡[1]听、显幽、重明、退奸、进良之术：朋党比周之誉，君子不听；残贼加累[2]之谮，君子不用；隐忌雍蔽之人，君子不近；货财禽犊之请，君子不许。凡流言、流说、流事、流谋、流誉、流诉[3]，不官而衡[4]至者，君子慎之，闻听而明誉[5]之，定其当而当，然后士其刑赏而还与之；如是则奸言、奸说、奸事、奸谋、奸誉、奸诉，莫之试也；忠言、忠说、忠事、忠谋、忠誉、忠诉，莫不明通，方起以尚尽矣。夫是之谓衡听、显幽、重明、退奸、进良之术。

注释

1 衡：斟酌、考虑。

2 累：忧患、祸害。

3 诉：诉说、诋毁、诬陷。

4 衡：通“横”。

5 誉：通“举”。

译文

君主要考虑所听到的言行，令隐逸之士显达，令贤能的人更能发光明，退却奸邪的人，进用贤良的人，方法是这样的：朋党间的互相赞誉，君子不会听信；凶暴作乱的人想增加祸害的诬陷，君子不会采用；隐瞒猜忌堵塞阻隔贤良的人，君子不会接近；用钱财禽畜来请求的，君子不应允。凡只是流传散布的言论、流传散布的学说、流传散布的事情、流传散布的谋划、流传散布的赞誉、流传散布的诬陷，不是正式的而只是由横面而来到的，君子要谨慎处理，所听闻的要光明地列举出来，决定它们是正当或不正当，然后定出刑罚奖赏，而回报给他。这样，奸邪的言论、奸邪的学说、奸邪的事情、奸邪的谋划、奸邪的赞誉、奸邪的诬陷，就不会来试探。忠诚的言论、忠诚的学说、忠诚的事情、忠诚的谋划、忠诚的赞誉、忠诚的诉说，没有不光明通畅地开始产生而向上尽忠。这就叫作考虑所听到的言行，令隐逸之士显达，令贤能的人更能发光明，退却奸邪的人，进用贤良的人的方法。

赏析与点评

怎样才能够延揽贤能之人？荀子认为要辨别言、说、谋、事、诉、誉的忠奸，谨慎流传散布的言说。能辨别忠奸，分辨流言，才能令贤能之士来到。事实上，从政者很多时候会为了个人权势而不辨忠奸，以至满朝奸党，最后失败告终。我们不是应参考荀子确立的准则吗？

人主之害，不在乎不言用贤，而在乎不诚必用贤。夫言用贤者，口也；却贤者，行也，口行相反，而欲贤者之至，不肖者之退也，不亦难乎！夫耀蝉[1]者，务在明其火，振[2]其树而已；火不明，虽振其树，无益也。今人主有能明其德者，则天下归之，若蝉之归明火也。

注释

1 耀蝉：晚上用灯火照蝉，蝉会扑向光，是一种捕蝉方法。

2 振：摇动。

译文

君主的毛病，不在于不会说怎样用贤能的人，而在于不确实地一定要用贤能的人。会说怎样用贤能的人，是用口。退却贤能的人，是用行为。口说的和行为相反，但又想贤能的人来到，不贤能的人退却，不是很难吗？用灯火照蝉，灯火要力求光明，这样摇动大树就可以捕蝉了。如果灯火不光明，虽然摇动大树，也没有益处。现在君主如果能够令他的德行光明，天下归顺就会好像蝉归向光明灯火一样。

赏析与点评

君主必须能真正任用贤能，贤能之人自然会出来。现代有些选举，有时看见出来竞选的人没有一个是贤能的。这就是因为上位者安排那个所谓选举，并非真正为了选任贤能。那么真正贤能的人又怎会出来呢？

临事接民，而以义变应，宽裕[1]而多容，恭敬以先之，政之始也。然后中和察断以辅之，政之隆也。然后进退诛赏之，政之终也。故一年与之始，三年与之终。用其终为始，则政令不行，而上下怨疾[2]，乱所以自作也。《书》曰：『义刑义杀，勿庸[3]以即，女惟曰：未有顺事。』言先教也。

注释

1 裕：宽容。

2 疾：痛苦。

3 庸：通“用”。

译文

遇到事情，接触人民，以公义来变化应对，待人宽容而能更多容纳人民，待人恭敬而领导人民，这是政治的开始。然后是中和明察来辅助人民，这是政治的兴隆。然后就是进退赏罚人民，这是政治的终结。所以第一年做开始的工夫，第三年才做终结的工夫。如果把终结作为开始，政令就不能通行，而上下人民都会怨恨和痛苦，祸乱就是由此而做成。《尚书》说：“公义的刑罚和公义的杀戮，不要立即使用，你只有说：这是未曾依照政治事情的顺序。”就是说要先实行教化。

赏析与点评

现今维持社会秩序的法律条文主要是刑罚，但刑罚不是治理社会最初的事情，而是最后一步。有教化的社会不必有那么多刑罚，刑罚多不表示社会进步。荀子主张应先进行教化，最后才是刑罚，教化较刑罚重要，所以荀子很注重老师教化之道。

师术有四，而博习不与焉：尊严而惮，可以为师；耆艾而信，可以为师；诵说而不陵[1]不犯[2]，可以为师；知微[3]而论，可以为师：故师术有四，而博习不与焉。水深而回，树落则粪本，弟子通利则思师。《诗》曰：『无言不雠[4]，无德不报。』此之谓也。

注释

1 陵：超越。

2 犯：违背。

3 微：精妙隐微。

4 雠：应答。

译文

成为老师的方法有四种，博学不包括在其中。有尊严而令人敬畏，可以做老师；年长而令人信服，可以做老师；诵读讲说经典而不超越，不违背，可以做老师；知道做人精微之处而能论述，可以做老师。所以说成为老师的方法有四种，博学不包括在其中。水够深，水流就会回旋，树叶落下，就是施肥于树根，弟子得到利益，就会思念老师。《诗经》说："没有说话不应答的，没有德行不回报的。"就是这个意思。

赏析与点评

现代人要成为老师，很注重科目专业知识，在专业知识中知的愈多愈好，所以很注重老师的学历。但荀子认为成为老师的方法，博学不在其中，为什么呢？因为荀子认为老师要教导的，是精微的做人道理，而不是专业知识。所以老师要有尊严，要年长，要讲授经典，都是要令学生信服他所说的做人道理。而这就是现代教育所缺乏的。

天论篇第十七

本篇导读

荀子说的道不是天之道，不是地之道，而是人之所以为人之道。重点说人道，这样才能够具体地说到人怎样作人文统类。荀子在《天论篇》中，其实是要分别出人道和天地万物之道。《天论篇》中，荀子说到万物和人同样是由天所生，人的五官是天官，心是天君，都是出于天。但荀子更加强调的是，人之所以为人，在于人怎样使用这天生的五官和心。在这个使用中，就有人道。人道就是成就人对天地万物的人事，人应当知什么，实践什么。所以，天所生的其他万物，人由天所生的五官，都只是荀子所说的人道的背景根据。而人道本身，却不是以万物和五官作为主要根据而说。人道也不是要人先作一番反省回顾，看看有什么形而上的根据而说。人道是根据万物和五官而有的人为之事而说。简单说就是，荀子之道，是人以天为背景根据，由上而下，向前、向外而走的道。而不是先对这个根据作向后、向内的反省，由下而上要求契合之道，不是先反省什么是天或形而上的神而说。

天行有常，不为尧存，不为桀亡。应之以治则吉，应之以乱则凶。强本而节用，则天不能贫；养备而动时，则天不能病；修道而不贰[1]，则天不能祸。故水旱不能使之饥[2]，寒暑不能使之疾，祆怪[3]不能使之凶。本荒而用侈，则天不能使之富；养略而动罕，则天不能使之全；倍[4]道而妄行，则天不能使之吉。故水旱未至而饥，寒暑未薄而疾，祆怪未至而凶。受时与治世同，而殃祸与治世异，不可以怨天，其道然也。故明于天人之分，则可谓至人矣。

注释

1 不贰：专一，不二心，坚定不移之意。另本作“循道而不忒”。——编者注

2 饥：另本作“饥渴”。——编者注

3 祆怪：即妖怪，指自然灾害。

4 倍：同“背”，违背之意。

译文

天的流行是恒常的，不会因为尧而存在，不会因为桀而消失。以治理天下回应天就是吉，以扰乱天下回应天就是凶。人如果能够加强根本，节制使用，则天也不能使人贫困。人如果存养具备充足，运动合乎时令，则天也不能使人患病。人如果专一于修道而不二心，则天也不能加祸于人。所以大水或大旱也不能使人饥饿，寒天暑天也不能使人患病，妖怪也不能使人遭遇凶险。但如果根本被荒废了，使用太奢侈了，则天也不能令人富贵。忽略了存养充足，又很少运动，天也不能够令人健全。违背道而妄意而行，天也不能够令人吉祥。所以大水大旱未到，人就已经饥饿，寒暑未迫近人就已经患病，妖怪未到而人已遇凶险。人所接受的时令和治世时的时令是相同的，但遇到的灾祸就和治世时不同，这是不可以怨天的，道就是如此。所以明白天人的分别，就可以叫作至人了。

赏析与点评

由此段可见荀子所说的天，就是人向前、向外所看见的天，并不是什么形而上的存在或上帝。而“天有常行”可以说是有恒常规律，但重点也不是着重在“常行”或规律本身。荀子着重说的，是人的回应之道。“天有常行”，现代人可能会认为是自然界恒常不变的规律，所以由此而说荀子重视规律的存在，或者说荀子已经有现代科学的思想。但看荀子整篇《天论篇》和整个荀学，荀子注重的明显不是正面说的天有恒常的规律，更不是说自然科学。“天有常行”，只是说天的运行或天的自然现象，总是经常这样的相续不断。经常这样相续不断，自然可以包涵相续而有规律的意思。这个规律也可以说是天运行的所以然之理。但荀子在这里提出“天有常行”，只是想举出天经常这样运行，目的其实是要显出人在这里是不能加以影响，而天也不是人间治乱吉凶的源头。所以下文开始，就全部转到人响应天之运行的治乱之道而说吉凶。所以荀子说天，只是作为人道的背景根据而已。

不论古今，人面对时代的治乱吉凶或天然灾害，个人的得意或失意，都常常以为是天意。总喜欢把责任推给天，常怨苍天作弄人。荀子就是反对这些想法，天是不为尧存，不为桀亡，天自有天的四时变化，人力不能影响，而人要做的，是做好人自己治理的职分，自然就能免害，这才叫作明白天人的分别。

不为而成，不求而得，夫是之谓天职。如是者，虽深、其人不加虑焉；虽大、不加能焉；虽精、不加察焉，夫是之谓不与天争职。天有其时，地有其财，人有其治，夫是之谓能参[1]。舍其所以参，而愿[2]其所参，则惑矣。

注释

1 参：通“三”，并列之意。

2 愿：向往。

译文

不做人为工夫而成功，不用人追求而得到，这就叫作天的职分。这样的天，虽然很深奥，但人也不必加以思虑，天虽然很大，人不必增加能力，天虽然很精妙，人不必加以考察，这就叫作不和天争职分。天有天的时令，地有地的财富，人有人的治理，这就叫作能够三者并列。舍弃人之所以能够并列的治理万物能力，而想要和人并列的其他事物（如天时地利），就是迷惑了。

赏析与点评

荀子着重说，人要面对天而尽人事。人事之所以能够成功，不是自然界的天地万物原本有的。但也不是说人的地位在天地之上，也不是说人对外在的万物，要求加以控制，人要征服自然，表现出人的力量。荀子说天、地、人，“夫是之谓能参”，是说人事要和天地的事物互相配合，而成为三者并列。人和天地的关系是对等交互关系，互相回应的关系。荀子的天论是说天人的分别。荀子论礼，也有说到天地是礼的三个本源之一，所以有天地之礼。对天地之礼也是人文世界中应该有的事情，而不是人一定要向天祈求，虽然天人有分别，但不表示人地位低于天。

现代西方文化是由中世纪基督教文化而来，中世纪时上帝在一切人和自然之上。现代人则相反，科学和工业急速发展，人认为自己了解自然，可以根据自然定律，预测自然，控制自然，最后要征服自然，人在自然和天之上，人不需要上帝。现代人普遍以这种态度对待自然，荀子明显不是主张这种态度，而是说天人并列的平等关系和互相回应关系，最终能做到天人和谐。

列星随旋，日月递炤[1]，四时代御[2]，阴阳大化，风雨博施，万物各得其和以生，各得其养以成，不见其事，而见其功，夫是之谓神[3]。皆知其所以成，莫知其无形，夫是之谓天。唯圣人为不求知天。

注释

1 炤：同“照”。

2 御：控制。

3 神：神妙。

译文

天上群星互相跟随而旋转，日月互相交替照耀，四季轮流控制气候，阴阳变化万物，风雨普遍施予万物，万物各自得到天的和谐而出生，万物各自得到天的滋养而成长，不见天有什么特别行事，而见到功绩，这就叫作神妙。人人都知万物之所以生成要有天，而不知天是无形的，这就叫作天。只有圣人不求知天。

赏析与点评

天“不为”“不求”而能够生出天地万物，荀子对天的职能加以正视，所以承认天职能的深、大、精。荀子又说万物各自得到天的和谐而出生，这些都是天的职分、天的功绩，人不应和天争这些职分，不能加思虑、能力和考察在天之上，想用力了解天、帮助天，甚至取代天，这就是和天争职分和功绩。人只应在天职、天功之外，尽人的职分，成就人的功绩，而不是控制或改变天的流行规律和本身的原理。

现代人自以为人懂得科学知识，就懂得天的规律原理，能够控制自然，企图改变天气、气候、雨晴，改变动植物的生长规律，而合乎大利润的生产，这就是人想和天争职分，争功绩，人想成为上帝了。荀子认为人应做的，是尽人的职分而不是和天争。

天职既立，天功既成，形具而神生，好恶喜怒哀乐臧[1]焉，夫是之谓天情。耳目鼻口形能各有接而不相能也，夫是之谓天官。心居中虚，以治五官，夫是之谓天君。财[2]非其类以养其类，夫是之谓天养。顺其类者谓之福，逆其类者谓之祸，夫是之谓天政。暗其天君，乱其天官，弃其天养，逆其天政，背其天情，以丧天功，夫是之谓大凶。圣人清其天君，正其天官，备其天养，顺其天政，养其天情，以全其天功。如是，则知其所为，知其所不为矣；则天地官[3]而万物役矣。其行曲治[4]，其养曲适[5]，其生不伤，夫是之谓知天。

注释

1 臧：同“藏”，蕴藏的意思。

2 财：同“裁”，利用的意思。

3 天地官：官，任用。天地为人所任用的意思。

4 曲治：都治理得好。

5 曲适：都恰当。

译文

天的职分已经建立，天的功劳已经完成，人的形躯已形成，精神已存在。人的好恶喜怒哀乐都已藏在其中，这就叫作天情。耳目鼻口和形躯，功能可以各自接触外物而不能互相替代，这就叫作天官。而心就居于中央虚空处，用以治理五官，这就叫作天君。利用人类以外的万物，来养人类，这就叫作天养。顺着人类的方式生活就叫作福，逆着人类的方式生活就叫作祸，这就叫作天政。蒙蔽天君，混乱天官，放弃天养，逆反天政，违背天情，丧失天功，这就叫作大凶。圣人能够清理天君，纠正天官，具备天养，顺着天政，培养天情，而成全人的天功。这样，就是知道人应做的，知道人不应做的，天地为人所用而万物为人所役使。人的行为都治理得好，人的培养都能恰当，人的生命就不会受伤，这就叫作知天。

赏析与点评

由这段看来，荀子对天情、天官、天君，这些天生的本性都没有说是恶的。荀子认为耳聪目明的天官，是不可学的，是源于天的，属于天性。这些天官的耳聪目明，荀子也没有直接认为是恶的。由此可见，由天而生的性，最初并没有恶。耳聪目明本身，就不可以叫作恶。但为什么荀子又要说性恶呢？

其实，荀子说性恶，是和人的伪或人为努力相对而言，或者和人的积思虑习伪故，自觉实行礼义相对而言。由不做人为努力和人为努力相对而说性恶。所以离开天性和人为努力二者相对而言，单单说人性，就不能说是性恶。

荀子在这段仍然是想说，天给予人的已给予了，天要做的天已做了，人应做好人自己应做的，做好人为努力的部分。荀子认为这就叫作知天，而不是要掌握天而控制天，或什么也不做，只等待天，或只知怨天，这些都不是正确的态度。所以相对于天，荀子是很重视人文努力的成分，肯定人文努力的价值。

楚王后车千乘[1]，非知[2]也；君子啜[3]菽[4]饮水，非愚也；是节然也。若夫志意修，德行厚，知虑明，生于今而志乎古，则是其在我者也。故君子敬[5]其在己者，而不慕[6]其在天者；小人错[7]其在己者，而慕其在天者。君子敬其在己者，而不慕其在天者，是以日进也；小人错其在己者，而慕其在天者，是以日退也。故君子之所以日进，与小人之所以日退，一也。君子小人之所以相县者，在此耳。

注释

1 乘：古代一车四马为一乘。

2 知：同“智”。

3 啜：吃。

4 菽：豆，泛指粗粮。

5 敬：尊重。

6 慕：指望，希望。

7 错：同“措”，舍弃。

译文

楚王后面随从的车辆有一千乘，不是有智慧。君子吃粗粮，饮水，不是愚笨，而是因为适应时节而然。人的志向意念有修正，德行坚厚，理智思虑清明，在当代生活而以古人为志向，这就在乎我的努力了。所以君子尊重自己的努力，而不希望由天决定。小人舍弃自己的努力，而希望天决定。君子尊重自己的努力，而不希望由天决定，所以君子每日进步。小人放弃自己努力，希望由天决定，所以小人每日退步。所以，君子之所以每日进步，和小人之所以每日退步，是同一个道理。君子和小人之所以相差那么远，就是这个原因。

赏析与点评

荀子说“天有常行”已经有人对天不应只有祈求、希慕的意思。所以荀子说君子应该“敬其在己”，而不是“慕其在天”，这是君子所以进步、小人所以退步的原因。这个进步、退步，是指德性上的进退。孔子说“君子求诸己，小人求诸人”，就有尽其在己的意思。君子是要自己努力的。荀子把孔子的意思再推开一步，不只对人而说，还对天而说。君子应该自己努力而不是求人，不只这样，君子更加应该注重自己的努力而不是希慕天、盼望天。荀子说人不应希慕天，固然因为天常行的规律，不是人希慕就能改变。除此以外，荀子其实是根据孔子求诸自己，尽自己能力的教训。

现代有人以为天决定一切，这是命运，人要顺命，不必勉强努力。有人以为天就是上帝，盼望上帝赐力量给人解决困难，祈求就可以了。但由上文可见，荀子虽然说天，但他更注重的是人自己的努力。天的流行是天的职分，人在个人志向意念、德行、理智思虑方面，是人的职分，人应尽自己努力做好。人不应靠天，也不应和天争功，要尽其在己。这种重视人文世界努力的看法，和有些人重视命运和神力的看法就很不同。

大天而思之，孰与物畜而制之！从天而颂之，孰与制天命而用之！望时而待之，孰与应时而使之！因[1]物而多之，孰与骋能[2]而化之！思物而物之，孰与理物而勿失之也！愿于物之所以生，孰与有物[3]之所以成！故错人而思天，则失万物之情。

注释

1 因：听任。

2 能：施展才能。

3 有物：有，通“佑”，帮助。帮助事物。

译文

推崇天而思考天，不如畜养事物而控制事物。顺从天而歌颂天，不如控制天命而使用天。希望好天时而等待天，不如适应时节而使用天时。由得事物多繁衍生长，不如施展人的才能而加以化育。思考事物而使用事物，不如管理好事物而不要遗失。希望事物有所出生，不如帮助事物成长。所以放弃人的努力而想天，就失去对万物的感情。

赏析与点评

人要尽人事的努力，人要治理天地，就要思考天、响应天、配合天。但人很多时候会思考错了。荀子认为人应该只尽力帮助天地万物的成长，这是人为努力的思想根据，而不是要思考天怎样生出万物，这就是“错人而思天”。所以荀子认为人不必知道天生出万物的所以然。荀子和庄子等道家的说法不同，道家就是要思考万物成长的所以然。

荀子思考天人关系，是尽量把天人分开。这是值得现代人参考的。现代人的想法不是顺天命，就是与天争，荀子的想法仍然是有意义的。但荀子太过严分天人，可能就会忽略天人之间的微妙关系。

荀子说万物和人的生命，都是得到天的和谐而生出。这个人生命生出的原因，也就是人生命内在的天。荀子没有说这个内在的天，但人其实也应该知道这个内在的天。

荀子说天之功深、大、精，但人为什么不能体会天、观赏天之深、大、精？人其实也可以由此而令人的心和生命趋向深、大、精。天的深、大、精和人心的深、大、精，二者之间也可以有学问存在的。

但荀子就认为人和天二者之间没有学问可说。所以说人只是帮助万物的成长，人事就是畜养天所生的万物，控制、使用天所赋予的万物，响应天的时节，施展才能而化育万物，治理万物，只思考人道，不必思考天道，而帮助人和万物成长就是人道。由此可见荀子严分天人的说法是有所忽略的。

礼论篇第十九

本篇导读

荀子的学问，除了说政治之道外，最重要是说礼义。荀子说的礼有多层意义，礼也包括乐。荀子认为礼是法制中最重要的，是文化类别中的纲要，所以礼制是包括政制和法制的。如果把礼视为一个德目的话，就贯通到义、仁、智。但荀子在《礼论篇》说的礼，就不是说这些，而是专注说儒家重视的礼仪，注重说明礼仪的意义。先秦诸子中，墨家、法家及其他各家都说政治，墨家、道家也说德行，但他们都轻视礼乐。墨家、法家认为葬礼没有用。道家认为道德在仁义之上，礼乐的仪文没有礼的意义，所以都轻视礼乐。儒家孔子很重视礼乐，所以要说礼之本，而孟子则不太重视一般的礼仪，认为葬礼不是为了仪式庄严，而是要尽人心。而荀子就是在墨家的非乐、节葬主张之后，再详细论述礼乐的意义。

荀子在《礼论篇》说礼之三本的意义。这个礼之三本是很重要的文化传统，但荀子只详细说到对祖先、亲人和君主的丧礼意义，没有详细说明天地之礼的意义，《礼论篇》也没有说到其他人与人之间礼仪的意义。我们尝试综合《礼论篇》、《乐论篇》来看看荀子说礼乐的意思。很明显，荀子是说人内在的哀敬喜乐之情，表现在外而成为礼仪。而人实行礼仪，又可以培养人智慧思虑真诚的德行。如实行丧礼，可以表现人对死者的敬始慎终之情，培养出终身不忘的德行。人对于亲人的丧礼，可见到人的感情和鸟兽是相同的，但比鸟兽更深远。荀子时代的葬礼一定要三日成服，三月而葬，父母君师之丧，更要三年，这些礼仪，都是根据人事人情而定，一定要等待适当的时节才能完成。由此可见丧礼是贯通到人情和天时。而礼的仪节，有贵贱亲疏的分别，通过礼仪，就可以令人分别出贵贱亲疏，明察伦类。君主之礼有三年之丧，就足以令人注重君主是人群的统率。这是礼仪对社会起的政治效用。而葬礼的器物，只和在生时的器物相似而不可用，是要像在生时一样而敬送死者。丧礼一定有变化有装饰，是为了要消除生者对死者的厌恶。祭礼事死如生，祭至远祖，是要贯通生者和死者的分隔，令生者和死者的关系好像断而其实不断，成就人道的永久长存。

可见荀子重视礼乐，正是由于礼乐通天时，通天地万物，通人的情感，通人的德行。由实践礼乐而尽力完成人的伦理，成就政治社会的分别与和谐，尽力完成礼制的意义。礼乐又贯通生者和死者的古今距离，成就人道的永久长存，贯通人类古今历史的意义。这是荀子贯通天地万物和人心，尽力完成人伦、制度，而贯通到历史之道，礼乐就是这个道具体表现而成为人道极致的所在。《礼记》说礼乐的意义，论述更详细，但也都是本于荀子的说法而作进一步说明。荀子之道，最后应是返回到礼乐的意义。所以荀子说政制和为学之道，常常说礼，就是因为不可不这样说。

礼起于何也？曰：人生而有欲，欲而不得，则不能无求。求而无度量分界，则不能不争；争则乱，乱则穷。先王恶其乱也，故制礼义以分之，以养人之欲，给人之求。使欲必不穷于物，物必不屈[1]于欲。两者相持而长，是礼之所起也。

注释

1 屈：降服，折服。这里指满足欲望。

译文

礼制的起源是怎样的？答：人出生而有欲望，有欲望而得不到满足，就不能没有追求；有追求而没有限度和界线，就不能不争夺；有争夺国家就会混乱，混乱就会穷困。先圣王厌恶混乱，所以制定礼义来确定名分，用来培养人的欲望，供给人所追求的，令欲望一定不会追逐无穷的物质，物质一定不会用来满足无穷欲望，这两者是会互相支持而增加的。这就是礼制的起源。

赏析与点评

这是泛说一切礼的起源。礼成为礼，不是只有形式，形式应负载起意义。礼后来变成只有形式，没有意义，便只是空架子，扭曲人性。但礼原本是有意义的，孔子说礼之本，也是要重新建立礼的意义。荀子继承儒家传统，也是要重新建立礼原初的意义。就是要培养人良好的欲望，即培养人的德性，令人不被物欲所控制，世界就不致混乱了。

礼有三本：天地者，生之本也；先祖者，类之本也；君师者，治之本也。无天地，恶生？无先祖，恶出？无君师，恶治？三者偏亡，焉[1]无安人。故礼、上事天，下事地，尊先祖，而隆君师。是礼之三本也。

注释

1 焉：乃，就。

译文

礼有三个根本：天地，是人出生的根本；先祖，是同类种族的根本；圣君老师，是治理的根本。没有天地，怎么会有人的出生呢？没有先祖，怎么会有我的出生呢？没有圣君老师，怎么会有治理的社会呢？三者有部分消失了，就没有安定的人民。所以礼，向上事奉天，向下事奉地，尊敬先祖而尊崇圣君老师，是礼的三个根本。

赏析与点评

礼义之中，最重要是礼之三本。这三种礼是最根本的，由这三种礼，就可以贯通到天地万物古今的道。所以中国传统以来都很重视祭天地、祭祖先、祭圣人这三种祭礼。这三祭可以贯通天道和人道，是中国文化精神的重要代表。可惜现在渐已失传。若中国文化要重新发展，回复这三种祭礼是必要的。

大飨[1]，尚玄尊[2]，俎[3]生鱼，先大羹[4]，贵食饮之本也。飨[5]，尚玄尊而用酒醴[6]，先黍稷而饭稻粱。祭[7]，齐大羹而饱庶羞，贵本而亲用也。贵本之谓文，亲用之谓理，两者合而成文，以归大一，夫是之谓大隆。故尊之尚玄酒也，俎之尚生鱼也，豆[8]之先大羹也，一也。利爵之不醮也[9]，成事之俎不尝也，三侑[10]之不食也，一也。大昏[11]之未发齐[12]也，太庙之未入尸[13]也，始卒之未小敛[14]也，一也。大路[15]之素未集也，郊之麻绕[16]也，丧服之先散麻也，一也。三年之丧，哭之不反也，《清庙》[17]之歌，一唱而三叹[18]也，县一钟，尚拊膈[19]，朱弦而通越[20]也，一也。

注释

1 大飨：天子每三年一次在太祖庙祭祖先的大祭礼。

2 玄：黑色，代表清水。指祭祀时代替酒的清水。尊：通“樽”。

3 俎：盛载鱼肉的祭器。

4 大羹：大通“太”，至高无上。羹，浓汤。太羹，祭祀用的肉汤。

5 飨：指每季举行的祭礼。

6 醴：甜酒。

7 祭：指每月举行的祭礼。

8 豆：盛载食物的祭器。

9 利：祭祀时帮助拿祭品的人。爵：酒器。醮：喝光。

10 侑：劝食。另本作“臭”，用鼻子闻其气。——编者注

11 昏：同“婚”。

12 齐：平等，婚礼中合卺交杯仪式是表示夫妇同尊卑、平等之意。

13 尸：代表受祭的人。

14 敛：同“殓”，为死者换上寿衣为小敛，入棺为大敛。

15 大路：天子祭天时坐的车。

16 绕：通“冕”，礼帽。

17《清庙》：祭周文王的诗歌。

18 叹：咏叹。

19 拊：拊搏，形如小鼓的乐器。膈：类似拊的乐器。

20 越：瑟底孔洞。

译文

在大飨的祭礼中，崇尚用樽器载清水，用俎器盛载生鱼，先奉上太羹，这是尊崇饮食的根本。在每季的祭礼中，崇尚樽器而用甜酒，先奉上黍稷而再给予稻粱食用。在每月举行的祭礼中，调制太羹而充满众多美食。这是尊崇根本而亲近实用。尊崇根本的礼叫作文饰，亲近实用的礼叫作合乎道理，两者结合而成为文制，以返回太一之道，这就叫作最大的尊崇。樽器崇尚用清水，俎器崇尚用生鱼，豆器先用来奉上太羹，是仪节之一。不会喝光拿爵器人的酒，不吃完成祭事后俎器的食物，三次劝食而不食，是仪节之一。在大婚礼仪中，未举行合卺交杯齐尊卑的礼仪，太庙祭祀中代表受祭的人未进入太庙，刚刚死去而未换上寿衣，是仪节之一。天子祭天时坐的车用素色车帘，郊祭时戴麻制的帽子，丧服要先穿上散乱麻布，是仪节之一。三年的守丧期，哭至没有声音，唱《清庙》歌曲，一人歌唱三人咏叹，悬挂一口钟，崇尚用拊和膈的乐器，用红色琴弦和打通瑟底孔洞，是仪节之一。

赏析与点评

荀子说礼的仪节之中，大飨要先上生鱼和大羹，是因为尊重饮食的根本。除了生鱼大羹外，稻粱庶羞，都着重在实用。由祭祀食物之中，可见到礼同时有尊重本源和亲和实用两个意义。即是祭祀的饮食，是贵本和亲用两者的结合，而成为文制。这意义之中的贵本，就是尊敬本源的意思，是仪节的原意。但在实践中，除了原意之外，还有亲和实用的意思。但后来的礼，欠缺了亲和实用，又忘记了原意，礼便不成为礼了。

礼者，以财物为用，以贵贱为文，以多少为异，以隆杀[1]为要。文理繁，情用省，是礼之隆也。文理省，情用繁，是礼之杀也。文理情用相为内外表里，并行而杂，是礼之中流也。故君子上致其隆，下尽其杀，而中处其中。步骤[2]驰骋厉骛[3]不外是矣。是君子之坛宇[4]宫廷也。人有是，士君子也；外是，民也；于是其中焉，方皇周挟[5]，曲[6]得其次序，是圣人也。故厚者，礼之积也；大者，礼之广也；高者，礼之隆也；明者，礼之尽也。《诗》曰：『礼仪卒度，笑语卒获。』此之谓也。

注释

1 杀：减杀，引申为简约。

2 步骤：步，行走。骤，奔驰。

3 厉骛：厉，奋起羽翼。骛，奔驰。

4 坛：行礼的高台。宇：房屋。

5 方皇周挟：皇，大。挟，周遍。即四方广大周遍。

6 曲：周全尽力。

译文

礼，会使用财物，会用礼仪的文饰区别贵贱，会用礼仪的多少来分别，会用尊贵的或简约的礼仪作为要领。有些礼仪的文饰和条理繁多，但培养情感的作用很省约的，是尊贵的礼仪。有些礼仪的文饰和条理省约，但要表达的情感繁多，是简约的礼仪。有些礼仪的文饰条理，和情感作用是互为内外，互为表里，是一并实行而互相参杂其中的，是适当正中的礼仪。所以君子在上位要行尊贵的礼仪，在下位要尽力实行简约的礼仪，而中间的人适当地处于正中。无论是行走的奔驰，快跑的奔驰，奋起羽翼的奔驰，都不离开礼，这是君子的活动的高台房屋。如果一个人有礼，他就是士人君子。离开了礼，就是一般人。能够生活在礼之中，觉得广大周遍，尽力做到礼的次序的，就是圣人。所以圣人的仁厚，是因为礼的积存，圣人的伟大，是因为礼的广大，圣人的高崇，是因为礼的尊贵，圣人的光明，是因为礼的尽力实践。《诗经》说：礼仪终究合乎法度，笑语也终究可以得到。就是这个意思。

赏析与点评

这是说礼关联财物，也关联人的贵贱，说到礼的事物和仪节多少。又说礼和情用的关系。说礼是由人与人的情用、文理、财物的参差错综关系而形成。又说圣人之所以成为圣人，是因为圣人实践礼。由此可见礼仪原本有培养人德性的功能。这是传统中国文化培养人德性的方法。但现代中国人经历了一段批判中国文化、要求扬弃中国文化的历史，这方法在现代中国已渐渐失传，但又未找到代替的方法，结果常常有人质疑，何以中国文化那么重视礼，为何现代的中国人又无礼，又没有德性修养？就是因为中国已不在礼之中。

礼者，谨于治生死者也。生、人之始也，死、人之终也，终始俱善，人道毕矣。故君子敬始而慎终，终始如一，是君子之道，礼义之文也。夫厚其生而薄其死，是敬其有知，而慢其无知也，是奸人之道而倍叛之心也。君子以倍叛之心接臧谷[1]，犹且羞之，而况以事其所隆亲乎！故死之为道也，一而不可得再复也，臣之所以致重其君，子之所以致重其亲，于是尽矣。故事生不忠厚，不敬文，谓之野；送死不忠厚，不敬文，谓之瘠。君子贱野而羞瘠，故天子棺椁[2]十重[3]，诸侯五重，大夫三重，士再重。然后皆有衣衾多少厚薄之数，皆有翣菨[4]文章之等，以敬饰之，使生死终始若一；一足以为人愿，是先王之道，忠臣孝子之极也。天子之丧动四海，属诸侯；诸侯之丧动通国，属大夫；大夫之丧动一国，属修士；修士之丧动一乡，属朋友；庶人之丧，合族党，动州里；刑余罪人之丧，不得合族党，独属妻子，棺椁三寸，衣衾三领[5]，不得饰棺，不得昼行，以昏殣[6]，凡缘[7]而往埋之，反，无哭泣之节，无衰麻之服[8]，无亲疏月数之等，各反其平，各复其始，已葬埋，若无丧者而止，夫是之谓至辱。

注释

1 臧谷：奴婢。

2 椁：棺材外面的套棺。

3 十重：另本作“七重”。——编者注

4 翣菨：古时棺木两旁扇子形的饰物。

5 领：古代上衣、被子的量词。

6 殣：埋葬。

7 凡：平常、平庸。缘：衣服的花边。

8 衰麻之服：衰麻，粗麻布做成的丧服。服，丧衣。古代居丧以衣服来分别等级。

译文

礼，是要严谨地治理生死的。生，是人的开始，死，是人的终结。终结和开始都是美善的，人道就完成了。所以君子尊敬开始和谨慎终结，终结和开始都一样美善，是君子之道，是礼义的文制表现。如果厚待出生而鄙视死亡，就是尊敬有知觉的而轻慢无知觉的，这是奸邪的人的道，而且表现的是背叛的心。君子用背叛的心接待奴婢，尚且感觉羞耻，何况用来事奉尊敬的人和亲人。所以对待死之作为一个道，是因为死只有一次而不可以再重复，臣子对君主表示敬重，子女对父母表示敬重，在死亡时全部表达了。所以事奉在生的人不忠诚仁厚，不敬重礼义文制，叫作粗野。送别死亡时不忠诚仁厚，不敬重礼义文制，叫作贫瘠。君子会轻视粗野，会因贫瘠而感到羞耻。所以天子的棺椁有十层，诸侯五层，大夫三层，士人两层，然后又有殓尸用的衣服被子多少、厚薄的数量不同，棺椁都有扇子形的饰物花纹的等级。这些都是用来尊敬装饰死者，令生死终始都一样美善，这种终始都一样足以成为人的愿望，这就是先圣王之道，忠臣孝子的极致。天子的丧礼牵动四海国家的人，聚集诸侯。诸侯的丧礼牵动交往的国家，聚集大夫。大夫的丧礼牵动一国的人，聚集贤德之士。贤德之士的丧礼牵动一乡的人，聚集朋友。百姓的丧礼，集合族人朋友，牵动一州一里的人。受过刑罚的罪人的丧礼，不可以集合族人朋友，只可以聚集妻子和子女，棺椁只有三寸厚，殓尸用衣被只有三件，不可以装饰棺椁，不可以在白天举行，只可以在黄昏埋葬。家人只可以穿平凡的衣饰去埋葬，回来时，没有哭泣的仪节，没有粗麻布做成的丧服，没有亲疏不同的丧期月数等级，各自返回自己平常生活，各自回复自己重新开始生活。到最后，死者已经葬埋，就好像没有丧葬的人而完结了，这就叫作最大耻辱。

赏析与点评

这节专论葬礼。祭礼之中，中国文化特别重视丧葬之礼。不会因为已死而贱视，或视为无物。因为中国人的要求是终始俱善，既要敬始，也要慎终。终始如一才是君子之道，才是人道的极致。重视丧葬之礼的传统，一直在中国民间流传着，清明重阳祭祖依然重视，但其中深远的人道、君子之道，通古今四海之道，则未必自觉，确是需要古人为我们提点一下。

丧礼之凡[1]，变[2]而饰，动而远，久而平。故死之为道也，不饰则恶，恶则不哀；尔则玩[3]，玩则厌，厌则忘，忘则不敬。一朝而丧其严亲，而所以送葬之者，不哀不敬，则嫌[4]于禽兽矣，君子耻之。故变而饰，所以灭恶也；动而远，所以遂敬也；久而平，所以优[5]生也。

注释

1 凡：大旨，纲要。

2 变：指死亡。

3 尔：通“迩”，近。玩：戏弄，轻忽。

4 嫌：近似。

5 优：协调。

译文

丧礼的纲要：死后要装饰，丧葬礼仪要是渐渐远去的，长久日子后，生者要回复平常生活。对待死亡之道，不装饰就令人厌恶，厌恶就不会哀伤，丧葬礼仪与生者太接近，就令人轻忽，轻忽就会令人厌恶，厌恶就会忘记，忘记就会不敬。如果有一日尊敬的父母死去，而来送葬的人不哀伤，不恭敬，就近似禽兽了。君子以此为羞耻。所以死后要装饰，是要消除厌恶。丧葬礼仪要渐渐远去，是要成就恭敬。长久要回复平常生活，是要协调在生的人。

赏析与点评

丧礼之所以一定要有装饰，有仪式，有长久时间，是因为要避免生者厌恶死者而不悲哀，避免忘记死者而有不敬，所以才会有丧礼的这些礼仪。礼仪原本都是有意义的，久了就忘记，荀子重新指出丧礼礼仪的原来意义。怎样的礼仪才最适合那个时代，是可以讨论的，但由此可见礼是文化的表现，有培养人德性的作用，而不是没有意义的空架子。

三年之丧，何也？曰：称[1]情而立文，因以饰[2]群，别亲疏贵贱之节，而不可益损也。故曰：无适[3]不易之术也。创巨者其日久，痛甚者其愈迟，三年之丧，称情而立文，所以为至痛极也。齐衰[4]、苴[5]杖、居庐、食粥、席薪、枕块，所以为至痛饰也。三年之丧，二十五月而毕，哀痛未尽，思慕未忘，然而礼以是断之者，岂不以送死有已，复生有节也哉！凡生天地之间者，有血气之属[6]必有知，有知之属莫不爱其类。今夫大鸟兽则失亡其群匹，越月逾时，则必反铅[7]；过故乡，则必徘徊焉，鸣号焉，踯躅焉，踟蹰[8]焉，然后能去之也。小者是燕爵，犹有啁噍[9]之顷焉，然后能去之。故有血气之属莫知于人，故人之于其亲也，至死无穷。将由[10]夫愚陋淫邪之人与，则彼朝死而夕忘之；然而纵[11]之，则是曾[12]鸟兽之不若也，彼安能相与群居而无乱乎！将由夫修饰之君子与，则三年之丧，二十五月而毕，若驷[13]之过隙，然而遂之，则是无穷也。故先王圣人安[14]为之立中制节，使足以成文理，[15]则舍之矣。

注释

1 称：适合，配合。

2 饰：通“饬”，整治，治理。

3 适：往。

4 齐衰：丧服的一种，粗麻布做的丧服，布边缝齐，故叫齐衰。

5 苴：粗劣。

6 属：类别。

7 铅：通“沿”，顺流而行。

8 踯躅、踟蹰：徘徊不前。

9 啁噍：另作“啁啾”。——编者注

10 由：遵循。

11 纵：不加拘束。

12 曾：乃。

13 驷：马。

14 安：于是。

15 使足以成文理：另作“一使足以成文理”。——编者注

译文

三年的丧期，是为什么呢？答：因为要配合感情而建立文制，因而可以治理群众，所以辨别亲疏贵贱的仪节，而不可随意增加减少。所以说，礼是无往而不变的方法。创伤巨大，伤痛日子就长久，痛楚大的，痊愈日期就会迟。三年的丧期，是配合感情而建立的文制，是用来给最伤痛人的极限。穿粗麻布的丧服，用粗劣的手杖，居于草庐，吃粥，坐卧于柴草，头枕于土块上，都是用来给极伤痛的人的修饰。三年的丧期，二十五个月已完毕，而哀痛却未曾终止，思慕未曾忘记，但丧礼就此断绝了，岂不是因为送别死者的人要有个终结，要恢复生活，要

有节制吗？凡生于天地之间，有血气的类别一定有知觉，有知觉的类别，没有不爱它的同类。现在大的鸟兽失去它的群体，超过一个月时间，就一定返回顺流而找回群体，经过故乡，就一定会徘徊、鸣叫、踟蹰不前，然后才能离去。小的就是燕子麻雀，也会啁啾叫一会儿，然后才能离去。所以有血气的类别，没有比人更有知觉的，所以人对于他的亲人，到死也未曾穷尽。我们将要遵循愚昧浅陋淫邪的人吗？这样的人，亲人早上死去，晚上就忘记了。如果对这些人不加拘束，这样的人就连鸟兽也不及了，他们又怎能互相群居而没有混乱呢？我们将要遵循有修养修饰的君子吗？这样的人，三年的丧期，二十五个月已完毕，却觉得好像马匹跑过裂缝那样快。但如果要满足君子，就要有无穷尽的期限。先圣王圣人于是为人建立适中的制度仪节，统一令其成为文制条理，就可以在适当时候放下了。

赏析与点评

这是说三年之丧何以是三年。三年之期的原意，原来不是规定要人哀伤三年，不准离开。正相反，而是害怕人哀伤过度，极哀痛也最多哀伤二十五个月，就要停止，回复正常的生活。所以丧礼原本不是用来规限人性的架子、吃人的规条，而是配合人性情的安排。但现代人失去对传统的理解，废除丧礼，伤痛又怎样表达呢？如果说没有伤痛，那就如荀子所说，禽兽也不如了。

祭者，志意思慕之情也。愅诡唈僾[1]而不能无时至[2]焉。故人之欢欣和合之时，则夫忠臣孝子亦愅诡而有所至矣。彼其所至者，甚大动也；案屈[3]然已，则其于志意之情者惆然不嗛[4]，其于礼节者阙然不具。故先王案为之立文，尊尊亲亲之义至矣。故曰：祭者，志意思慕之情也。忠信爱敬之至矣，礼节文貌之盛矣，苟非圣人，莫之能知也。圣人明知之，士君子安行之，官人以为守，百姓以成俗；其在君子以为人道也，其在百姓以为鬼事也。故钟鼓管磬，琴瑟竽笙，《韶》、《夏》、《護》《武》，《汋》、《桓》、《箾》、简[5]《象》，是君子之所以为愅诡其所喜乐之文也。齐衰、苴杖、居庐、食粥、席薪、枕块，是君子之所以为愅诡其所哀痛之文也。师旅有制，刑法有等，莫不称罪，是君子之所以为愅诡其所敦[6]恶之文也。卜筮视日[7]、斋戒、修涂[8]、几筵[9]、馈荐[10]、告祝[11]，如或飨[12]之。物取[13]而皆祭之，如或尝之。毋利举爵，主人有尊，如或觞[14]之。宾出，主人拜送，反，易服，即位而哭，如或去之。哀夫！敬夫！事死如事生，事亡如事存，状乎无形影，然而成文。

注释

1 惮：通“革”，改变。惮诡：心情变化感动。悒僾：心情郁积不顺畅。

2 至：表达。

3 案：于是。屈：委屈心意。指没有礼仪来表达，心意受委屈。

4 惆：失意，不痛快。嗛：不足。

5 简：衍文。

6 敦：逼迫，引申为很憎恶。

7 视日：看日期预测吉凶。

8 修涂：涂，通“除”。修饰清理祠庙。

9 几筵：古时席地而坐，小桌子叫几，用来铺坐的席子叫筵。

10 馈荐：馈，对鬼神的祭祀。荐，祭品。

11 告祝：告，诉说。祝，祭祀的祷词。

12 飨：享用。

13 取：通“聚”。

14 觞：饮酒。

译文

祭祀，是要表示心意和思慕的感情。心情变化感动，郁积不顺畅，不能没有时机表达。所以人在欢欣和睦的时候，忠臣孝子也会因心情变化感动而有所表达。他们所表达的，是颇大的感动。没有适当的礼仪，心意就受委屈，他表达心意的感情就不痛快而觉得不足，就是因为这些礼的仪节欠缺了而不具备。先圣王于是为这感情而建立文制，让人尊敬应尊敬的人，亲爱应亲爱的人，这个意义就能表达了。所以说：祭祀，是要表示心意和思慕的感情。忠信爱敬的表达，礼节文饰的盛大，如果不是圣人，不能知道。圣人明白知道祭祀是什么，士君子安心实行，官员持守祭祀，百姓以祭祀成为习俗。祭祀在君子，就是做人之道，在百姓，就是鬼神的事情。所以祭祀中使用的钟鼓管磬，琴瑟竽笙的乐器，演奏《韶》、《夏》、《護》、《武》、《汋》、《桓》、《箾》、《象》的乐曲，这是君子所以表示心情变化喜乐的文制。穿粗麻布的丧服，用粗劣的手杖，居于草庐，吃粥，坐卧于柴草，头枕于土块上，这是君子所以表示心情变化哀痛的文制。军队的师旅有编制，刑法有等级，刑罚没有不和罪行相称的，这是君子所以表示心情憎恶的文制。祭祀前要卜筮，看日期预测吉凶，斋戒沐浴，修饰清理祠庙，安排祭祀席位的小桌子和席子，安排祭祀鬼神用的祭品，诉说祭祀的祷词，好像有人享用那样。祭品聚集好都用来祭祀，好像有人品尝那样。不必拿爵器的人举出爵器，主人有自己的酒器，好像有人饮酒那样。宾客离开，主人拜别，然后返回，更换丧服，在座位上哭，好像有人离开了那样。这些仪节，又悲哀！又恭敬！侍奉死去的人好像侍奉在世的人，侍奉已死亡的人好像侍奉生存的人，祭祀对象陈述出来没有形影，但是这些礼仪就成为文制。

赏析与点评

这是说祭祀是表示心意和思慕之情，是忠信爱敬的极致，然后才有礼节的文貌。礼节中的用品、食品、程序，都是配合人的心情变化而设计，由此而成为一套文制。所以明白祭祀的意义，才知道礼不是无意义的动作，而是和内在心情配合的。不明白的以为是侍奉鬼神，是迷信，君子才明白真正的意义在于生存的人。荀子要复兴的礼，是真正有意义的礼，而不只是个空架子。没有礼，这个对人敬始慎终的意义无所寄托，意义也就会失去了。

乐论篇第二十

本篇导读

《乐论篇》是说音乐的意义。音乐是指和礼仪相连的音乐。先秦各家学说都轻视音乐，庄子推崇天籁而轻视世间音乐，而孟子就只说古今音乐都有与民同乐的意义，至荀子才详细论述音乐的意义。荀子认为音乐是人内在之情的表现。音乐又有培养人和人之间彼此尊敬亲和情感的德性作用。礼乐又会使用到财物和乐器，可见音乐会贯通到器物。而各种乐器又分别象天地、日月、星辰、万物，可见音乐除了贯通于人情的表现外，也贯通到天地万物之中。音乐令一切贵贱上下亲疏远近的人都可以相和，所以也贯通各人伦类别。音乐可以令人民和谐齐心，士兵强劲，城池稳固，人民安居，成就人群的凝聚性，这是音乐的社会政治效用。可见荀子论礼乐，都是贯通于天地万物和人心，尽人伦，守礼制，通天地，是由人道至天道的极致表现。

夫乐者、乐也，人情之所必不免也。故人不能无乐，乐则必发于声音，形于动静；而人之道，声音动静，性术之变尽是矣。故人不能不乐，乐则不能无形，形而不为道，则不能无乱。先王恶其乱也，故制《雅》《颂》之声以道[1]之，使其声足以乐而不流，使其文足以辨而不諰[2]，使其曲直[3]、繁省、廉肉[4]、节奏，足以感动人之善心，使夫邪污之气无由得接焉。是先王立乐之方也，而墨子非之奈何！

注释

1 道：通“导”。

2 諰（xǐ）：害怕恐惧。

3 曲直：曲，隐曲。直，爽快。指节奏的抑扬顿挫。

4 廉肉：廉，正直。肉，柔软。指声音的清脆圆润。

译文

音乐，就是快乐，所以是人的情感一定不能避免的。人不能没有快乐，快乐就一定会发出成为声音，表现成为动静动作。而做人之道，就在于声音、动静、性情、技艺的变化，都尽在音乐之中。所以人不能没有音乐，音乐不能没有表现。如果音乐表现出来的不是做人之道，国家就不能没有混乱。先圣王厌恶混乱，所以制订《雅》、《颂》的音乐来引导人，令这些乐声有足够的快乐而不放纵，先圣王又令乐曲的文词足够能让人辨别是非，而不会害怕恐惧，又令乐曲的抑扬顿挫、繁复简单、清脆圆润、节拍缓急，足以感动人的善心，又令邪恶污秽的习气无法接触。这是先圣王建立音乐的方向。但墨子却要反对音乐，又能怎样呢？

赏析与点评

荀子首先说音乐是出于人的悦乐之情，快乐一定会发而为声音和动静行为，于是有音乐。但音乐如果不表现出做人之道，就会导致混乱。所以先王才制订诗歌乐曲，令人向善。这是儒家的音乐观，音乐表现情感，只是开始，最终要导人向善。导人向善的目的原本不坏，但如果善恶标准被野心家控制，或不是人心中真正的善恶标准，音乐就会成为政治工具，没有了人道，没有了生命在其中，只是仪式，这就要反对了。所以每个时代都有人要反对传统下来的所谓正统音乐，就是因为音乐变得混浊了，不表现人心真正的善恶，离开了人道，所以人也要离开音乐。墨子就是看到音乐的这个时代问题，所以提出非乐。但墨子的问题，是他不了解儒家所说的音乐的正面意义，所以荀子特别撰文响应这个问题。

故乐在宗庙之中，君臣上下同听之，则莫不和敬；闺门之内，父子兄弟同听之，则莫不和亲；乡里族长之中，长少同听之，则莫不和顺。故乐者，审一以定和[1]者也，比物[2]以饰节者也，合奏以成文者也；足以率一道，足以治万变。是先王立乐之术也，而墨子非之奈何！

注释

1 审一以定和：古代音乐有五音，宫、商、角、徵、羽。五音中，其中一个是主音，主音的音高如果决定了，其他应和的四音音高也就决定了。

2 比物：比，并列。物，指乐器。

译文

音乐在宗庙之中时，君臣上下一同听音乐，就没有不和谐恭敬的；家门之内，父子兄弟一同听音乐，就没有不和睦亲近的；乡里宗族之中，年长年少的人一同听音乐，就没有不和乐顺畅的。音乐，是审定一个主音，就可以决定其他和音，并列乐器而可以整理节奏，多种乐器合奏而可以成为文制。所以音乐足以率领统一的道，足以处理各种变化。这是先圣王建立音乐的方法，但墨子却要反对音乐，又能怎样呢？

赏析与点评

这是说人共同听音乐，可以令人与人相处和谐，而音乐的形式是审定一个主音来确定其他和音，配合各种乐器来调整节奏，也是依照和谐的原理而形成的。所以说音乐有和谐统一的作用。这是音乐的积极作用之一。

夫声乐之入人也深，其化人也速，故先王谨为之文。乐中平则民和而不流，乐肃庄则民齐而不乱。民和齐则兵劲城固，敌国不敢婴[1]也。如是，则百姓莫不安其处，乐其乡，以至足其上矣。然后名声于是白，光辉于是大，四海之民莫不愿得以为师，是王者之始也。乐姚冶[2]以险，则民流僈鄙贱[3]矣；流僈则乱，鄙贱则争；乱争则兵弱城犯，敌国危[4]之如是，则百姓不安其处，不乐其乡，不足其上矣。故礼乐废而邪音起者，危削侮辱之本也。故先王贵礼乐而贱邪音。其在序官也，曰：『修宪命[5]，审诗商[6]，禁淫声，以时顺修，使夷俗[7]邪音不敢乱雅，太师[8]之事也。』

注释

1 婴：触犯。

2 姚冶：姚，通“窕”，美好。冶，美丽妖媚。

3 流僈鄙贱：流，放纵。僈，怠惰。鄙，粗俗。贱，卑下。

4 危：危害，伤害。

5 修宪命：修，整治。宪，法令。命，指示。

6 商：通“章”。

7 夷俗：夷，傲慢无礼。俗，粗鄙。

8 太师：乐官之长。

译文

音乐渗入人心很深，感化人也很快速，所以先圣王谨慎地为音乐做文饰。音乐中和平顺，人民就和睦而不放纵。音乐严肃庄重，人民就整齐而不混乱。人民和睦整齐，军队就强劲，城池就巩固，敌国就不敢触犯它了。这样，百姓就不会不安于居住的地方，而乐于在故乡，以及满足在上位的人。然后国家的名声就会光明，光辉就会大，四海的人民，没有不愿意以这个国家作为老师的。这就是成为王者的开始。音乐如果美丽妖媚而险恶，人民就放纵怠惰粗俗卑下。放纵怠惰就会有祸乱，粗俗卑下就会有争夺。有祸乱争夺，国家就会军队疲弱，城池被侵犯，敌国会伤害它。这样，百姓就不会安于居住的地方，不会乐于在故乡，不会满足上位的人。所以礼乐废除了，邪恶音乐兴起，就是国家被伤害削弱侮辱的根本。所以先圣王尊崇礼乐而轻视邪恶的音乐。先圣王序列官员，说："整治法令，推究诗歌，禁止邪恶音乐，根据时势整理，令傲慢无礼粗鄙不正当的音乐，不敢扰乱正当的音乐，这是太师的工作。"

赏析与点评

这是说音乐可以间接培养人民的德性，令国家巩固，人民安乐；而礼乐废弃邪音兴起，就会令国家危险，所以君子应该建立礼乐而令天下平安。荀子明白音乐影响人心，所以要禁止邪恶的音乐。荀子的目的其实是推崇好的音乐，建立人民的德性，所以才反对墨子的非乐。荀子是看到音乐的正面意义，希望加强；而墨子只看到反面意义，希望取消。所以荀子其实是音乐推崇者。但今天看来，荀子这主张是上位者的音乐审查，极不自由，反而会令人民离开。这是荀子未意识到的问题。

君子以钟鼓道[1]志，以琴瑟乐心；动以干戚[2]，饰以羽旄[3]，从以磬管。故其清明象天，其广大象地，其俯仰周旋有似于四时。故乐行而志清，礼修而行成，耳目聪明，血气和平，移风易俗，天下皆宁，美善相乐。故曰：乐者、乐也。君子乐得其道，小人乐得其欲；以道制欲，则乐而不乱；以欲忘道，则惑而不乐。故乐者，所以道乐也，金石丝竹，所以道德也；乐行而民乡方矣。故乐也者，治人之盛[4]者也，而墨子非之。

注释

1 道：通“导”。

2 干戚：干，盾牌。戚，斧头。本是武器，也可作舞具。

3 旄：用牦牛尾装饰的旗。

4 盛：黍稷，谷物。引申为资源。

译文

君子用钟鼓来引导人的志向，用琴瑟来悦乐人心；用盾牌斧头来舞动，用羽毛和牦牛尾旗装饰，用磬和箫管声音来跟随。所以君子的音乐，清明好像天，广大好像地，俯仰回旋好像四时变化。所以君子的音乐流行而志向清明，礼仪修养好，人的德行就做到了。君子的音乐令人耳聪目明，性情平和，可以移风易俗，令天下安宁，没有比音乐更好的了。所以说：音乐，就是快乐。君子的音乐在于得到做人之道，小人的音乐在于满足欲望。用君子做人之道制约欲望，就可以得到快乐而不致有祸乱。因为欲望而忘记做人之道，就是受迷惑而不快乐。所以音乐，就是引导人快乐的。金石丝竹乐器，就是引导人有德行的。君子的音乐流行，人民就向着正确方向了。所以，音乐是治理的重要资源，但墨子却要反对音乐。

赏析与点评

音乐所培养出来的心情，可以配合天地四时。音乐不只配合人道，也配合天道，所以音乐的积极作用是可以通于天道。天道的表现在人间，就是君子之道，所以荀子强调君子的音乐，可以令人快乐，令人有德行，令人民有良好风俗。这就是墨子所不明白的积极意义。

且乐也者，和之不可变者也；礼也者，理之不可易者也。乐合同，礼别异，礼乐之统，管乎人心矣。穷本极变，乐之情也；著诚去伪，礼之经[1]也。墨子非之，几遇[2]刑也。明王已没，莫之正也。愚者学之，危其身也。君子明乐，乃其德也。乱世恶善，不此听也。於乎[3]哀哉！不得成也。弟子勉学，无所营[4]也。

注释

1 经：常道。

2 遇：对待。

3 於乎：同“呜呼”。

4 营：通“荧”，迷惑。

译文

况且音乐，有不可变的和谐；而礼制，有不可改的条理。音乐是要融合成为相同的，礼制是要分别出不同的。礼乐的纲要，都由人心管理。穷究本源，究极变化，这是音乐的感情可以做到的；彰显真诚，去除虚伪，是礼制的常道可以做到的。墨子却反对音乐，几乎要用刑罚对待。英明的圣王已死了，没有人来纠正。愚昧的人学习音乐，会危害自身，君子显明音乐的作用，是君子的德行。乱世中，厌恶善良德行，就是因为不听这些正面的主张。真是悲哀！竟然不可以成就音乐！学生要勉力学习，不受迷惑。

赏析与点评

这是由礼乐分别联系到人心，音乐令人心同心，礼制令人区别出等级差异。而这都是由人心来决定的。墨子不明白而反对，所以荀子要纠正对音乐的看法，更要弟子勉力学习。可见荀子很肯定音乐的正面作用。音乐就是荀子肯定人文文化的范畴之一。

声乐之象：鼓大丽，钟统实[1]，磬廉制[2]，竽笙箫和[3]，筦籥[4]发猛，埙篪[5]翁博[6]，瑟易良，琴妇好[7]，歌清尽[8]，舞意天道兼。鼓其乐之君邪。故鼓似天，钟似地，磬似水，竽笙箫和，筦籥似星辰日月，鼗、柷、拊、鞷、椌、楬[9]似万物。曷以知舞之意？曰：目不自见，耳不自闻也，然而治俯仰、诎信、进退、迟速，莫不廉制，尽筋骨之力，以要[10]钟鼓俯会[11]之节，而靡有悖逆者，众积意[12]谆谆[13]乎！

注释

1 统：通“筒”，圆而中空。实：填满。

2 廉制：廉，正直。制，法度。

3 萧和：另本作“肃和”。——编者注

4 筦（guǎn）、籥（yuè）：都是古代的管乐器。

5 埙（xūn）、篪（chí）：都是吹奏的乐器。

6 翁博：翁，通“滃”，云气涌起貌。博，广大。

7 妇好：柔婉。

8 清尽：清，高洁。尽，完备。

9 鼗、柷、拊、鞷、椌、楬：都是敲击乐器。

10 要：符合。

11 俯会：迁就。

12 积意：集中精神。

13 谆谆：另本作“谨谨”。——编者注

译文

音乐的形象是这样的：鼓的声音大而华美，钟的声音中空而充实，磬的声音正直而有法度，竽、笙、箫、和、筦、籥的声音生起勇猛，埙、篪的声音如云气涌起的广大，瑟的声音平和善良，琴的声音温柔婉美，歌唱的声音高洁完备，舞蹈的意象兼容了天道的内容。鼓，是乐器的君主。所以鼓似天，钟似地，磬似水，竽、笙、箫、和、筦、籥似星辰日月，鞉、柷、拊、鞷、椌、楬似万物。怎样知道舞蹈的意象？答：眼睛看不见自己，耳朵听不到自己的声音，但处理俯下仰起，屈曲伸直，前进后退，迟缓快速，无不正直而有法度，尽身体筋骨的力量，符合钟鼓，迁就节奏，而没有违反，众多舞蹈的人集中精神谨慎忠诚地跳舞。

赏析与点评

这是说各种乐器各有德性，有似天，似地，似水，似星辰，似日月，似万物。所以各乐器的合奏，就好像见到天地日月星辰万物，在各乐器的合奏之中。所以音乐有通天地万物之意。舞蹈也有天道意象在其中，只要舞者忠诚专注于动作之中，自然看到这天道的内容。荀子是说人如能进入音乐、乐器、舞蹈的精神中，自然能体会到天地的德性，即天道的内容。可见荀子是很积极地肯定音乐的正面意义。音乐的意义不止限于娱乐休闲，还有进入人道天道的深层意义。

解蔽篇第二十一

本篇导读

荀子认为要成就人为的努力，成就善的德行，在于人能够运用人的心。而心是天官的主宰，所以荀子是要教人用心来认识道、实践道。这就要先解除人心的毛病，即所谓“解蔽”。《解蔽篇》就是解释人怎样用心，说明心和道的关系。荀子说心，和孟子不同，也和墨子、庄子不同，而开出另一套人心理论。一般人认为荀子思想的中心是性恶，孟子是性善，但如果荀子的思想中心是说性恶，只证明荀子认为人性是变化的，却不能说明变化的理由是什么、变化的力量来自哪里。而荀子整个政治文化的思想，也不能由性恶观念引申出来。所以说荀子思想中心是性恶，是不对的。荀子思想中心，应是心。虽然荀子没有由心的观念推论出全部理论，但看荀子说心的话，和孟子、墨子、庄子不同，就知道荀子整个思想系统为什么和其他各家不同，从而清楚地看到荀子的特色。这就要看《解蔽篇》如何说心了。

墨子的心，重视理智地分清类别，荀子也重视分类，由《正名篇》可见到。但荀子的心，不只是知道分类的心，更是明白统率各类的心；不只是理智的心，更是一个能够自作主宰的心。庄子说心，重视虚静，荀子说心，也说“虚壹而静”，但荀子的心，不只成就虚静，而且能够建立保持各类秩序，建立社会各类文化，成为一个有文化条理的心。孟子说心，注重对心的直接培养工夫，令心性能不断流行，但荀子的心，注重由人心的毛病引出养心的理论，注重自己澄清的工夫，从而知道和守道。所以荀子说心，可以说类似墨子、庄子、孟子而有所增益，比三家更加细密。但荀子把心和性情分开，小看性情，所以不能明白孟子的性情心与人性善，这成为荀子的缺点。

人何以知道？曰：心。心何以知？曰：虚壹[1]而静。心未尝不臧[2]也，然而有所谓虚；心未尝不两[3]也，然而有所谓一；心未尝不动也，然而有所谓静。人生而有知，知而有志[4]；志也者，臧也；然而有所谓虚；不以所已臧害所将受谓之虚。

注释

1 壹：统一。

2 臧：通“藏”。

3 两：同时认识两个事物。

4 志：记忆。

译文

人怎样知道“道”呢？答：用心。心怎样知呢？答：清虚、统一而平静。心未尝没有收藏，但也有所谓清虚的工夫。心未尝不知道两个事物，但也有所谓统一的工夫。心不会不动心的，但也有所谓平静的工夫。人出生就有知觉，有知觉就有记忆。有记忆，就是有所收藏。但心也有所谓清虚的工夫，不会因为已经收藏的内容而损害将会接受的内容，这就叫作清虚。

赏析与点评

荀子这里说心，一方面重视心的虚静，一方面重视心的统一。虚、静、壹等概念，是道家常说的，并非孔孟常说的。但荀子说心的虚，和道家不同。荀子心的虚，是和心的收藏一起说的。荀子是教人要善用心的虚，而要求有所收藏，就好像我们一般说能虚心请教，才能学到更多知识。人心如果不虚，而是满满的，又怎能容得下新内容呢？人心如果总以为金钱是最重要的，又如何让金钱以外的事物存在于心呢？庄子不是这样说虚，庄子说心的虚，好像镜子照事物，只是感应事物，而不应收藏，所以庄子喜欢说心要能够忘记，说坐忘。这就和荀子的心不同。荀子同时重视虚和藏，虚是可以令人不因为已收藏的内容而损害将会接受的新内容，这才是荀子重视心的虚的原因，就是要人能够不断有新的收藏。人心有所收藏，在于有记忆，所以人能善用心，就能够成就各种人为行事。所以荀子说虚，也是愿意肯定人文世界各种价值和意义，而不是只说虚静的。

现代人重视考试，重视记忆，重视功利价值，心不能虚，想接受新知识也出现困难。中国现代知识分子也是一样，很想接受西方文化新知识，但心中满满的只是想着如何令国家成为大国、强国，心不能虚，又怎样接受西方的文化思想？结果民主与科学的口号，喊了百多年，中国仍未有民主思想的开花结果，中国知识分子要重新看荀子的用心了。

心生而有知，知而有异；异也者，同时兼知之；同时兼知之，两也；然而有所谓一；不以夫一害此一谓之壹。

译文

心出生就有知觉，有知觉就有所分别；有所分别，即是同时都知道这分别。这同时都知道，就叫作知道两个事物；但也有所谓一个事物，即不因为知道那一个事物而损害这一个事物，就叫作统一。

赏析与点评

关于“一”，道家有说“与天地万物为一”，孔子也有说“吾道一以贯之”，但都没有同时重视“一”和“两”的关系。荀子说心的“一”，是和“两”一起说的。“两”即是能够同时知道两个一。用统一的心，能够知道两个事物，就是两；知道两个事物中的其中一个，就是一。人心分别知道两个事物，相比只重“一”的道家而言，荀子成就的知识更多。

心卧则梦，偷[1]则自行，使之则谋[2]，故心未尝不动也。然而有所谓静，不以梦剧[3]乱知谓之静。

注释

1 偷：松懈。

2 谋：思考。

3 剧：繁杂。

译文

心在卧睡时就做梦，心偷懒时就自动乱想，心在使用时就会思考。所以心没有不动的，但也有所谓静，不因为梦幻繁杂而扰乱所知道的，就叫作静。

赏析与点评

关于心的静，也是道家常说的，但荀子是把心的静和动一起说的。注重心的静，是要把心从乱想乱知的妄动之中超拔出来。静，是心清虚的第一步。心由静而达到虚，不被过去的知识所填满，待人接物才能够清通。但荀子把心的静和动合起来说，是强调心在活动时，更应该做到心静。这个心静，即是求知时，用心专注，聚焦在一个事物之上。

未得道而求道者，谓之虚壹而静。作之：则将须道者之虚则入，将事道者之壹则尽，将思道者之静则察[1]。知道察，知道行，体道者也。虚壹而静，谓之大清明。万物莫形而不见，莫见而不论，莫论而失位[2]。坐于室而见四海，处于今而论久远。疏[3]观万物而知其情，参稽[4]治乱而通其度[5]，经纬[6]天地而材官[7]万物，制割[8]大理而宇宙理矣。恢恢广广[9]，孰知其极？睪睪广广[10]，孰知其德？涫涫纷纷[11]，孰知其形？明参日月，大满八极[12]，夫是之谓大人。夫恶有蔽矣哉！

注释

1 “作之”三句：这三句文字可能有误，所以会用前文后理意思加入解释。

2 失位：失去位置，即不适宜，有误。

3 疏：通。

4 参稽：考察。

5 度：界限、法度。

6 经纬：安排。

7 材官：材通“裁”，管理。

8 制割：掌握。

9 恢恢广广：宽广貌。

10 睪（yì）睪广广：广大貌。

11 涫（guàn）涫纷纷：活跃纷杂貌。

12 八极：八方。

译文

未曾得到道而追求道的工夫，就叫作清虚统一而平静。做到这个工夫，即是将会求道的人，要做到清虚就能进入道，将会从事道的人，做到统一就能尽道，将会思考道的人，做到平静就能明察道。知道道而明察，知道道而实行，就是能体会道的人。做到清虚统一而平静，就能到达非常清明透彻的境界。看万物，没有什么形状是看不见的，没有看见而不能论说的，没有论说而说错的。人坐在室内，可看见四海；身处现在，可以论说久远的事情。通观万物而知道万物之情，考察政治的治乱而明白法度，治理天地而管理万物，掌握大道理而宇宙得到大治。这时人心的境界就变得恢广深远，广大无边，不知德行何其深远；活跃纷杂，不知万物有多少形状。人心的光明可参配日月，广大可充满八方，这就叫作大人了。又怎会有所蒙蔽呢？

心者，形之君也，而神明之主也，出令而无所受令。自禁也，自使也，自夺也，自取也，自行也，自止也。故口可劫[1]而使墨[2]云，形可劫而使诎申，心不可劫而使易意，是之则受，非之则辞。故曰：心容[3]，其择也无禁，必自现[4]，其物也杂博，其情之至也不贰[5]。《诗》云：『采采卷耳[6]，不盈顷筐[7]。嗟我怀人，寘[8]彼周行[9]。』顷筐易满也，卷耳易得也，然而不可以贰周行。故曰：心枝[10]则无知，倾则不精，贰则疑惑。以赞稽[11]之，万物可兼知也。身尽其故则美。类不可两也，故知者择一而壹焉。

注释

1 劫：强制。

2 墨：缄默。

3 容：容纳。

4 现：另作“见”。——编者注

5 贰：不专一。

6 卷耳：一种可食用的植物。

7 顷筐：一种容器。

8 寘：同“置”。

9 周行：大路。

10 枝：枝蔓分散。

11 赞稽：帮助考察。

译文

人的心，是形躯的君主，精神的主宰，发出命令而不接受命令。心自己禁止自己，自己驱使自己，自己夺去自己，自己接受自己，自己行动，自己停止。所以可令口强制缄默，令形躯强制屈伸，但不可以强制而令心改变意志，对的就接受，错的就推辞。所以说，心能容纳不同事物，选择是没有禁制的，一定是心自己呈现，心主宰的事物虽很博杂，但心的情是最高主宰，这是不会不专一的。《诗经》说：采摘卷耳，载不满一筐。我很怀念他，把筐放在大路上。一筐是很容易满的，卷耳是很容易得到的，但心不可以不统一于大路上。所以说：心意枝蔓分散了，就不能主宰，等于不能知事物。心倾斜于一特定事物，就不能精深细察，心意分散，就会疑惑。心能统一于道，有助于考察事物，万物是可以同时知道的。人能够尽这个道理，就能完美了。心所选择的事物类别不能是两种，所以知道心的人，应选择一个事物，而统一于道。

赏析与点评

虚壹而静的心，更能自作主宰。心因为虚，所以能有收藏，能够不因为这个一而损害那个一，能够统一起两个一，由此而见到心能够自作主宰。所以心能够自禁、自使、自行、自止，即是直接对行为有自觉的选择。而在选择时，心中可以同时有两个或多个事物，所以是博杂的，都可以加以选择，这是心可以容纳选择，而不能禁止的。心如果不能自作主宰，被事物所影响，摇摆不定，枝蔓分散，就不能自知，而成为无知。心不倾向某一事物，而能兼知，并作最终决定，这就是专一不二，没有疑惑。人心能统一兼知万物，又可以选择一而专精于一，即是人心可以不因为这个一而损害那个一。选择一而专精，就是自作主宰，人就可以尽心于某一类事了。这就是荀子肯定人文世界各类事业各有专精的根据。

人心原本能够兼知万物、统一万物，然后选择一、精于一。所以人是各有专精，各有所长。各有专精，又可以互相配合，由此而组织成为人文社会。这是荀子书中最重要的一个思想。

农精于田，而不可以为田师；贾精于市，而不可以为市师；工精于器，而不可以为器师。有人也，不能此三技，而可使治三官。曰：精于道者也。（非）精于物者也。精于物者以物物[1]，精于道者兼物物。故君子壹于道，而以赞稽物。壹于道则正，以赞稽物则察；以正志行察论，则万物官矣。

注释

1 物物：第一个物是主宰的意思。物物，即主宰事物。

译文

农人专精于耕田，而不可以做管理田地的官，商人专精于市场买卖，而不可以做管理商人的官，工匠专精于制造器具，而不可以做管理器具的官。有些人，不专精于这三种技能，而可以做治理这三种行业的官，所以说：能够专精于道的，不等于能专精于事物。专精于某事物的，可以主宰某事物，专精于道的，能同时主宰各类事物。所以君子能够统一万物于道，可以帮助考察万物。能够统一于道就能正确对待万物，能帮助考察事物就能明察，用正确的心志，实行明察的道理，万物就可以被治理了。

赏析与点评

荀子下面会说人心和道心的分别。人心指专精于一特定事物，而不能贯通到其他事物的心；道心则能够同时知道不同的人所专精的事都有意义和价值，能够同时知道而又要求加以配合贯通。人心、道心的区分最初不是道德意义的区分，而是人文意义的分别。其实荀子所重视的心，是人文统类的心。

农人、工人、商人只是专精于事物，而不能做老师，不能做管理者，正是因为他们只有人心，没有道心。有人心，就可以成就专精的事业，所以人心是人不可缺少的。但如果只有人心，就不能做老师，做管理者。做老师，做管理者，要教导治理农人、工人、商人，并处理他们的事务的关系，所以一定要能够同时贯通各人各事物，知道他们的相互关系，然后加以调理。这个调理的心，就是居于人心的上一层次的道心，可令不同事务协调而得到完成。

现代中华文化的问题是人心只倾侧于政治和经济的事务，其他人文类别的事务全忽略了。所以中华文化未来的发展，应是重拾道心，不要因为这个一而损害那个一。

昔者舜之治天下也，不以事诏[1]而万物成。处壹危[2]之，其荣满侧；养壹之微，荣矣而未知。故《道经》曰：『人心之危，道心之微。』危微之几，惟明君子而后能知之。故人心譬如盘水，正错[3]而勿动，则湛浊在下，而清明在上，则足以见须眉而察理矣。微风过之，湛浊动乎下，清明乱于上，则不可以得大形之正也。心亦如是矣。故导之以理，养之以清，物莫之倾，则足以定是非决嫌疑矣。小物引之，则其正外易，其心内倾，则不足以决庶[4]理矣。

注释

1 诏：告示。

2 危：一般引申作戒惧谨慎。唐君毅先生用“高标”的意思解释。“处壹危之”解作：心凸出而凝聚，处于一事物之内，而高标出意义和价值的心。

3 错：措，放置。

4 庶：另作“粗”。——编者注

译文

以前舜帝治理天下，不必事事告示天下，而万物就可成就。如果人心只是处于一个事物之内，而高标出某一个意义和价值，他的荣耀充满于某一偏侧。如果培养专一于道的心，只是隐微的心，有荣耀而不知道。所以《道经》说：“人心会高标出来，道心则是隐微的。”高标或隐微的微小分别，只有光明的君子才能知道。所以人心好像盘中的水，正确放置而不动的话，混浊的水会在下面，清明的水会在上面，足以看到须眉，清楚看到皮肤上的纹理。微风吹过，混浊的水会在下面动，清明的水在上面会混乱，就不可以得到整体的正确形状。心也是这样，所以用道理引导，培养清明，不要倾侧于某事物，心就足以决定对错，解决嫌疑。细小事物牵引人心，只是改正外表容易，但人心内在有所倾斜，就不足以决断平常的事理了。

赏析与点评

这段说人心和道心的分别，只有君子能够明察，因为君子不只是专精于一种事务，所以不能不知道人心和道心的不同。君子应该有道心，令心不倾侧，好像盘水，要放置平正，平正就不会偏侧，就会清明。现代人总是想成为专家，而不知道较专家更高要求的，就是做老师和管理者，因为要能够懂得各专家的价值，更加需要君子。所以古人会更加要求知识分子做一个君子。

故好书[1]者众矣，而仓颉独传者，壹也；好稼者众矣，而后稷独传者，壹也。好乐者众矣，而夔[2]独传者，壹也；好义者众矣，而舜独传者，壹也。倕[3]作弓，浮游[4]作矢，而羿精于射；奚仲[5]作车，乘杜[6]作乘马，而造父[7]精于御：自古及今，未尝有两而能精者也。曾子曰：『是其庭[8]可以搏鼠，恶能与我歌矣！』

注释

1 书：文字。

2 夔：舜的乐官。

3 倕：舜的工匠。

4 浮游：传说创造箭的人。

5 奚仲：禹时管理车辆的官。

6 乘杜：周朝祖先契的孙。创作四马驾车法的人。

7 造父：周穆王时著名的擅长驾车人。

8 庭：通“莛”，打节拍的小竹棍。

译文

所以爱好文字的人很多，而只有仓颉一人传世，因为他能统一于道；爱好庄稼的人很多，而只有后稷一人传世，因为他能统一于道；爱好音乐的人很多，而只有夔传世，因为他能统一于道；爱好正义的人很多，而只有舜一人传世，因为他能统一于道。倕制造弓，浮游制造箭，后羿专精于射术，奚仲管理马车，乘杜创作驾马车的方法，而造父专精于驾马车。由古至今，没有心意摇摆而能专精的。曾子说：“看他用来打节拍的小竹棍，可以用来搏打老鼠，又怎能和我一起唱歌呢？”

赏析与点评

做专家也要能统一于道，先做君子，然后做专家，才会是一个有意义的、真正知道自己做什么的专家。

空石[1]之中有人焉，其名曰觙[2]。其为人也，善射以好思。耳目之欲接，则败[3]其思；蚊虻之声闻，则挫其精。是以辟[4]耳目之欲，而远蚊虻之声，闲居静思则通。思仁若是，可谓微乎？孟子恶败而出妻[5]，可谓能自强矣；有子[6]恶卧而焠[7]掌，可谓能自忍矣；未及好也。辟耳目之欲，可谓自强矣，未及思也。蚊虻之声闻则挫其精，可谓危矣；未可谓微也。夫微者，至人[8]也。至人也，何强？何忍？何危？故浊明外景，清明内景，圣人纵其欲，兼其情，而制焉者理矣。夫何强？何忍？何危？故仁者之行道也，无为也；圣人之行道也，无强也。仁者之思也恭，圣者之思也乐。此治心之道也。

注释

1 空石：石洞。

2 觙：相传是孔子之孙，子思。

3 败：干扰。

4 辟：通“避”。

5 出妻：休妻。

6 有子：即有若，孔子的学生。

7 焠：烧。

8 至人：最高境界的人。

译文

石洞之中有人，叫作觙。他的为人，擅长推理，好思考。耳目接触到欲望，就会干扰他的思维；听到蚊虻的声音，就会干扰他的专精。所以要避开耳目欲望，远离蚊虻的声音，闲居静思才能贯通。如果这样思考仁，可算是隐微吗？孟子恐怕败坏而休妻，可算是自我勉强了，但未思考全面。有子恐怕睡着而烧手掌，可算是能自我忍耐了，但未算好。避开耳目的欲望，远离蚊虻的声音，可算是能够用心专精凸显于一处了，但仍未做到隐微的工夫。要是心能做到隐微，人就臻于最高境界了。最高境界的人，何须勉强？何须忍耐？何须凸出？所以昏浊的光明，只算是外表的光明；透彻的清明，才算是内在的光明。圣人可以放纵他的欲望，同时有他的情感，又用他的理性治理事务。又何须勉强，何须忍耐，何须凸出呢？所以仁者实践道，是没有人为造作的；圣人实践道，没有勉强。仁者的思考只是恭敬，圣人的思考只是快乐，这就是治理人心的道了。

赏析与点评

一般人的心是专精于一物一事，心常会有所倾侧，但荀子说养心，是要养清明不倾侧的道心，可以平正看待各类事物。和道心相对的，是人心，培养人心可以从事农业、工业、商业，但不能做老师和管理者。做老师和做管理者，一定要培养道心。培养道心，就是保存心的清明和不偏，不是强制人心凸显于一个地方，或执着于一定的道德标准。强制的工夫不能培养贯通众理的道心，只可以培养专精于一事一物的人心。所以荀子以石洞中之人和孟子、有子为例子。石洞中的人善射好思，想去除耳目的欲望，成为能够忍耐情欲的人。他只是为了专精一项技能，耳目的欲望、蚊虻的声音，都会扰乱他的用心专精，所以要避世闲居和静思。但这正是荀子所说的只知道用人心，偏向一个方向，而不能有道心的隐微。孟子执着于一个礼，认为妻子不合礼，想休妻。有子厌恶贪睡，烧自己的手掌，都是执着于一个道德标准，由此也有成就，但是用心偏向一侧，仍然没有道心的隐微。原因是，培养道心，要令心清明，没有偏侧，而不是强制自己的心，变得凸出而高危。人心凸出，外在的蚊虫之声都足以扰乱人心。而人认为是对的，也不一定全是对的。孟子只执着于一定的礼，而忘记自己也有不合礼的地方；有子厌恶贪睡而烧掌，而忘记了会伤害父母给予的身体。

所以荀子说至人的用心是“何强？何忍？何危？”圣人的纵欲兼情，不是一般的放纵情欲，只是不强忍情欲，不令心偏向一侧，而用理同时令各方面情欲都各得其所。

现代人对儒家有误解，以为儒家要强制别人或自己实践某些道德礼义但荀子所说的“何强？何忍？何危？”之道心，打破了人们的偏见。

性恶篇第二十三

本篇导读

荀子说的性恶，是相对人为努力或礼义而言的。离开这二者的相对性，单单说性，是没有性恶可言的。而人性和人为努力的相对关系，其实就是人努力实行礼义的理想，同这个理想要转化的现实，这二者间的相对关系。因为人愈有理想，便愈想转化现实；愈想转化现实，便愈发现现实惰性的强顽，愈和理想相悖。人便会根据自己的理想，评判这个未曾被转化的世界，认为现实不合乎理想中的善，是不善的，是恶的。所以荀子的性恶，不能离开他的道德文化理想而说。但现在人们常说，荀子是由客观经验中见到的各种人性恶事实，归纳出性恶的结论；或者认为是荀子见到人天性的恶，然后才提倡人化性起伪，这些说法都未能够深入了解荀子说性恶的意思。

荀子见到，人想实现礼义，实践礼义，而这个想实现礼义、积思虑习伪故的人心，是相对于想要转化的现实生命状态而言的。这个现实生命状态，相对于人道德文化理想的礼义而言，就是一个负面的存在。所以礼义是善，人性就是不善的恶。但并不表示，离开了人的道德文化理想，人的天性也能够称为恶。一个人已经有道德文化理想，要求理想的实现，由此而要求人的现实生命状态有所转化。荀子对这个转化意义的认识，其实较孟子了解得深切。既然要转化人的现实生命状态，就不会认为这是善的，而认为是恶的。所以性恶的说法，在这个转化意义上，是不可以不确立的。

人之性恶，其善者伪[1]也。今人之性，生而有好利焉，顺是，故争夺生而辞让亡焉；生而有疾[2]恶焉，顺是，故残贼[3]生而忠信亡焉；生而有耳目之欲，有好声色焉，顺是，故淫乱生而礼义文理[4]亡焉。然则从人之性，顺人之情，必出于争夺，合于犯分乱理，而归于暴。故必将有师法之化，礼义之道[5]，然后出于辞让，合于文理，而归于治。用此观之，人之性恶明矣，其善者伪也。

注释

1 伪：人为的意思。指人的努力。

2 疾：同“嫉”，嫉妒的意思。

3 残贼：伤害。

4 文理：条理，秩序。

5 礼义之道：道，同“导”。指用礼义教导。

译文

人的性是恶的，而所谓善的，是人为努力。现在的人性，有生下来而贪好私利的，顺着这个性，会出现争夺，而辞让的德行就消失了。有生下来而嫉妒、憎恨的，顺着这个性，会有对人的伤害，而忠信的德行就消失了。有生下来而有耳目的欲望，有喜欢声色欲望的，顺着这个性，会有淫乱出现，而人的礼义文理秩序就消失了。这样，由人的性，顺着人的情，一定会出现互相争夺，有合乎冒犯名分的混乱文理秩序情况出现，最后归于暴乱。所以一定要有老师法制的教化，礼义的教导，然后才会有辞让的德行出现，合乎文理秩序，最后归于治理安定。由此看来，人的性是恶的，就很明显了，而善就要人为努力了。

赏析与点评

由这段文字可见，荀子是由人的礼义和人性相对比而说性恶的。性之所以为恶，是因为人生来而有好利等人性，而这些人性会令礼义辞让的德行消失。所以人如果要回归辞让礼义的德行，一定要教化人性才可以。这就是礼义和人性间的相互对反关系。所以如果礼义文理是善的，则人性就一定不是善的，而是恶的。礼义文理是理想，人性是现实，因为理想是善，所以才见到性的现实是恶。不是孤立而说性恶，而是由人顺着性而令礼义文理不存在，才说性是恶的。

所以荀子重点不是说人性是恶，不是想原谅人的恶习，以为恶习是正常的。荀子是想说人要成就礼义文理的理想，建立一个礼义文理的社会。近代中国人受西方文化影响，也用科学方法研究人性，出现社会学、心理学、生物学、经济学的人性观，不约而同都是向着人性恶的方向研究，都认为人性恶是正常的，人为自己的生存而活是正常的，人自私是正常的，人好逸恶劳是正常的，把一切荀子认为不理想的现实正常化，把人的恶习合理化，还要拿荀子的话作为理据，相信这是荀子想不到的。其实这样的方向正是荀子反对的、想要改变的。

故枸[1]木必将待檃栝[2]、烝矫然后直；钝金[3]必将待砻厉[4]然后利；今人之性恶，必将待师法然后正，得礼义然后治，今人无师法，则偏险而不正；无礼义，则悖乱而不治，古者圣王以人之性恶，以为偏险而不正，悖乱而不治，是以为之起礼义，制法度，以矫饰[5]人之情性而正之，以扰化[6]人之情性而导之也，始皆出于治，合于道者也。今人之化师法，积文学，道礼义者为君子；纵性情，安恣睢[7]，而违礼义者为小人。用此观之，人之性恶明矣，其善者伪也。

注释

1 枸：弯曲。

2 檃栝：矫正弯木的工具。

3 钝金：不锋利的刀剑。

4 砻厉：磨砺。

5 矫饰：饰，同"饬"，整治。

6 扰化：驯服教化。

7 恣睢：恣肆放荡。

译文

所以弯曲的木材，一定要靠檃栝蒸热矫正，然后才直；不锋利的刀剑，一定要磨砺，然后才锋利；现在人的性恶，一定要靠老师、法制，然后才能改正，有礼义然后才能治理安定。现在的人没有老师、法制，就会偏邪险恶而不端正；没有礼义，就会悖乱而不安定。古代的圣王因为人的性恶，因为偏险而不端正，悖乱而不安定，为此而建立礼义，制定法度，用来整治人的情性，改正人的情性，驯服教化人的情性，引导人的情性。令人的性情都是由安定而表现，合乎道统。现在的人，接受老师、法制的教化，积累文化知识，实行礼义的人，便是君子；放纵性情，安于恣肆放荡，违背礼义的人，便是小人。由此看来，人的性是恶的，就很明显了，而善就要人为努力了。

赏析与点评

这段说人一定要靠师法，得到礼义，然后得到安定，才能成为君子。否则，放纵性情，违背礼义，会成为小人。由君子的善，才见到小人的不善，所以这也是一个相对的关系。小人是相对于君子之善而叫作恶，性恶也是相对于礼义之善而言的。

荀子强调了礼义、师法的重要，希望人可以成为君子。中国人重视师道传统，中国文化就是由老师传承下来的，令中国有一代一代的君子出现。但现今的教育制度，把教育视为一项产业，用来谋利，不是教导学生做君子，而是教导学生懂得如何考试，可以求职求利而已。这不需要我们反省吗？

孟子曰：『人之学者，其性善。』曰：是不然。是不及知人之性，而不察乎人之性伪之分者也。凡性者，天之就也，不可学，不可事。礼义者，圣人之所生也，人之所学而能，所事而成者也。不可学，不可事，而在人者，谓之性；可学而能，可事而成之，在人者，谓之伪。是性伪之分也。今人之性，目可以见，耳可以听；夫可以见之明不离目，可以听之聪不离耳，目明而耳聪，不可学明矣。

译文

孟子说：人之所以能学，是因为性善。（荀子）说：不是。这样是不真正知道人的性，看不到人的人性和人为努力的分别。一切人的性，是由天成就的，不可以学习得到，不可以从做事得到。礼义，是圣人创制的，是人学习而学到的，人由做事而能成就的。不可以学习得到，不可由做事得到，而存在于人的，叫作性。可以学习而做到，可以由做事而成就，存在于人的，叫作人为努力。这是人性和人为努力的分别。现在人的性，好像眼可以看到事物，耳可以听到声音。可以看得清楚离不开眼，听得清楚离不开耳，眼看得清和耳听得清，是不可以学习得的，就很清楚了。

孟子曰：『今人之性善，将皆失丧其性故也。』曰：若是则过矣。今人之性，生而离其朴，离其资，必失而丧之。用此观之，然则人之性恶明矣。所谓性善者，不离其朴而美之，不离其资而利之也。使夫资朴之于美，心意之于善，若夫可以见之明不离目，可以听之聪不离耳，故曰目明而耳聪也。

译文

孟子说：现在人的性善，都是因为丧失了人性，所以成为恶。（荀子）答：如果以为是这样，就错了。现在人的性，出生后就离开了本来的质朴，离开了本来的资质，一定是丧失的。由此看来，人的性是恶的，就很明显了。所谓性善，应是不离开人的质朴而见到美，不离开人的资质而对人有利。资朴相对于美，心意相对于善，应该好像清明离不开眼目，听得清楚离不开耳朵一样，所以叫作目明而耳聪。

今人之性，饥而欲饱，寒而欲暖，劳而欲休，此人之情性也。今人饥见长而不敢先食者，将有所让也；劳而不敢求息者，将有所代也。夫子之让乎父，弟之让乎兄，子之代乎父，弟之代乎兄，此二行者，皆反于性而悖于情也；然而孝子之道，礼义之文理也。故顺情性则不辞让矣，辞让则悖于情性矣。用此观之，人之性恶明矣，其善者伪也。

译文

现在人的性，饥饿就想吃饱，寒冷就想温暖，疲劳就想休息，这是人的情性。现在的人饥饿，看见长辈就不敢先吃，就是对长者有所辞让；疲劳而不敢要求休息，就是想为长者代劳。子女让父亲，弟弟让兄长，子女为父亲代劳，弟弟为兄长代劳，这二种德行，都是违反人性而违背性情的。但孝子之道，就是礼义的文理。所以，顺着情性是不会辞让的，而辞让就会违背人的性情。由此看来，人的性是恶的，就很明显了，而善就要人为努力了。

赏析与点评

这二段是反驳孟子的说法，认为孟子不知道人性和人为努力的分别。荀子认为人要学习的事是违反人的性，违背人的情，但也因为违反性情才成就人的善。所以这段所说的饥饿想吃饱，疲劳想休息，就本身活动来看，并没有恶的意思，这是很明显的。但人如果顺从这些活动而做，就会和辞让形成一个对反的关系，令辞让消失，这就见到恶了。

由这段可见，礼义不只是一个规范人的形式，更要培养人的道德性情。就算是荀子，说性恶、重视礼义，也是想培养出人善的性情，而不是规条、枷锁，用来控制人。现代中国人总以为中国传统文化的礼教，是限制人性的枷锁，令人性得不到自由，这就不是礼义传统的原意了。其实儒家传统是要培养出人行善的自由性。如果后来的儒者只说礼教规条，而失去了其中意义，就会成为枷锁了。

问者曰：『人之性恶，则礼义恶生？』应之曰：凡礼义者，是生于圣人之伪，非故生于人之性也。故陶人[1]埏埴[2]而为器，然则器生于陶人之伪，非故生于人之性也。故工人斫[3]木而成器，然则器生于工人之伪，非故生于人之性也。圣人积思虑，习伪故，以生礼义而起法度，然则礼义法度者，是生于圣人之伪，非故生于人之性也。若夫目好色，耳好听[4]，口好味，心好利，骨体肤理好愉佚[5]，是皆生于人之情性者也；感而自然，不待事而后生之者也。夫感而不能然，必且待事而后然者，谓之生于伪。是性伪之所生，其不同之征也。

注释

1 陶人：制作陶器的人。

2 埏埴：揉捏黏土。

3 斫：砍削。

4 耳好听：另作“耳好声”。——编者注

5 愉佚：舒适安逸。

译文

有人问：人的性既是恶的，则礼义怎样出现呢？荀子回答说：一切礼义，是由圣人的人为努力而制订出的，不是因为人的性而出现的。所以制作陶器的人揉捏黏土，做成器物，则这器物是由工人人为努力而出现的，不是因为人的性而出现的。所以工人砍削木材而做成器物，则这器物是由工人的人为努力而出现的，不是因为人的性而出现的。圣人积聚思虑，熟习人为的事情，制订礼义而创建法度，则礼义法度是出于圣人的人为努力，而不是出于人的性。好像眼目喜好美色，耳朵喜好美声，口喜好美味，心喜好利益，身体皮肤喜好舒适安逸，都是出于人的情性。这是人感到自然的事，不必等待人为的事然后才出现的。而由人的感觉而不能自然的事，一定要等待人为的事，然后才肯定的，就是出于人为努力。这个人性和人为出现的不同，有不同的特征。

故圣人化性而起伪，伪起而生礼义，礼义生而制法度；然则礼义法度者，是圣人之所生也。故圣人之所以同于众，其不异于众者，性也；所以异而过众者，伪也。夫好利而欲得者，此人之情性也。假之[1]人有弟兄资财而分者，且顺情性，好利而欲得，若是，则兄弟相拂夺矣；且化礼义之文理，若是，则让乎国人矣。故顺情性则弟兄争矣，化礼义则让乎国人矣。

注释

1 假之：假如。

译文

所以圣人教化人性而做人为努力，人为努力生起，就出现礼义，有礼义，就制订法度，所以礼义法度是圣人所制订的。所以圣人和众人相同，和众人没有不同的，就是人性。而和众人不同又超过众人的地方，就是人为努力了。喜好利益而想得到利益，这是人的性情。假如人有兄弟财产的分配，如果顺着人的性情，喜好利益而又想得到利益，如果是这样，则会出现兄弟互相争夺。如果是以礼义文理教化，这样，全国人就会有辞让。所以顺着人的性情，就会兄弟争夺，而由礼义教化，就会令全国人有辞让。

赏析与点评

荀子这段话要解答一个问题，人性既然是恶的，则礼义又怎样产生出来呢？荀子的意思，礼义是出自圣人的积思虑、习伪故。这是圣人和一般人不同的地方，而圣人的人性和一般人是相同的。荀子认为出于积思虑、习伪故的，就不是出于人性。

由此可见，荀子重点在圣人怎样用人为努力改善人性，肯定人为努力的价值，而不是为人的罪恶找借口，说人本来性恶，这和现代学术总想为人的恶合理化的方向不同。所以荀子不是深入追寻人性恶的原因，而是想说出人为努力的礼义的价值和意义。

凡人之欲为善者，为性恶也。夫薄愿[1]厚，恶愿美，狭愿广，贫愿富，贱愿贵，苟无之中[2]者，必求于外。故富而不愿财，贵而不愿势[3]，苟有之中者，必不及于外。用此观之，人之欲为善者，为性恶也。今人之性，固无礼义，故强学而求有之也；性不知礼义，故思虑而求知之也。然则性而已，则人无礼义，不知礼义。人无礼义则乱，不知礼义则悖。然则性而已，则悖乱在己。用此观之，人之性恶明矣，其善者伪也。

注释

1 愿：向往。

2 无之中：中，指人本身。人本身没有。

3 势：权势。

译文

一切想成为善的人，都是因为人性恶。因为微薄的向往丰厚的，丑陋的向往美丽的，狭窄的向往广阔的，贫穷的向往富有的，贫贱的向往尊贵的。如果人自己本身没有的，就一定要在外面寻求。所以富有的人不向往财富，尊贵的人不向往权势，如果人本身就有，一定不会在外面寻求。由此看来，人之所以想成为善的人，是因为人性恶了。现在的人性，本来没有礼义，所以努力学习而要求能够有礼义。人性本来不知道礼义，所以加以思虑学习，而要求知道礼义。这样，由人天生来说，人没有礼义，不知道礼义。人如果没有礼义就会乱，不知道礼义就会违背礼义。这样，由人天性来说，悖乱是在于自己本身。由此看来，人的性是恶的，就很明显了，而善就要人为努力了。

赏析与点评

这段文字直接就人想成为善，而证明人性恶，最有推理趣味，但问题却最大。荀子说性恶，只相对于性和礼义而言，这个意思也是最明显的。人想成为善，是孟子说性善的说法。孟子说人想成就正义过于生存，是孟子想证明人性善；荀子就说人想成为善，是反证人最初没有善。但这个“没有善”，是不是就是恶呢？这大有问题。只由没有善说，未必就是恶。好像没有正数，未必一定是负数。不富贵的人，未必一定就是贫贱的人。所以没有善不一定就是恶，而没有善而想成为善，这个“想”，根据孟子的说法，不可不说是善的。现在荀子是由人想成为善，来证明性恶，可见荀子只是在人想成为善和现实上没有善，这二者关系中来说恶。即是由想成为善，反照出尚未有善的现实是恶。好像人因为有富贵的观念在意念中，有所羡慕，才自知自己是贫贱的。所以荀子其实也是想人成为善，而不是要证明人性恶。

孟子曰：『人之性善。』曰：是不然。凡古今天下之所谓善者，正理平治[1]也；所谓恶者，偏险悖乱也：是善恶之分也矣。今诚以人之性固正理平治邪，则有恶用圣王，恶用礼义哉？虽有圣王礼义，将曷加于正理平治也哉？今不然，人之性恶。故古者圣人以人之性恶，以为偏险而不正，悖乱而不治，故为之立君上之势以临之，明礼义以化之，起法正以治之，重刑罚以禁之，使天下皆出于治，合于善也。是圣王之治而礼义之化也。今当试去君上之势，无礼义之化，去法正之治，无刑罚之禁，倚[2]而观天下民人之相与也。若是，则夫强者害弱而夺之，众者暴寡而哗之，天下悖乱而相亡，不待顷[3]矣。用此观之，然则人之性恶明矣，其善者伪也。

注释

1 正理平治：合乎礼义。

2 倚：站立。

3 顷：很短的时间。

译文

孟子说：人的性是善的。（荀子）说：不是。古今天下人所说的善，都是合乎正理安定的法度，而所说的恶，就是偏险悖乱的。这就是善恶的分别。现在如果真以为人的性本来是合乎正理法度的，则又何必使用圣王，何必使用礼义呢？即使有圣王礼义，又怎样加以正理平治呢？现在说不是，人的性是恶的。因此古代圣人因为人性恶，因为人偏险不正，悖乱不治，所以建立君主的权势而统治人民，发扬礼义而教化人民，建立法度而治理，加重刑罚而禁止（作恶），令天下人都能安定，合乎善。这是圣王的治理和礼义的教化。现在假如尝试放弃君主的权势，没有礼义的教化，废除法正的治理，没有刑罚的禁止，站着而看天下人民的互相交往，如果是这样，则强者侵害弱者而抢夺，人数多的欺凌人数少的而侵扰，天下悖乱而相继灭亡，很快会出现了。由此看来，人的性是恶的，就很明显了，而善就要人为努力了。

赏析与点评

这段是假设天下没有礼义教化，很快就会大乱。明显是说，由客观天下有礼义教化和无礼义教化任由人性会天下大乱，由此而说人性恶。可见荀子论证人性恶，都是由人性和礼义的相对关系而言。离开这个相对关系，就不能说是性恶了。可见重点是礼义而不是性恶，和一般人用荀子性恶论反对儒家的性善论的说法有所不同。

附录三

附录

《荀子》其他篇章内容

本书想要说明荀子的学问，就是形成人文世界之道。人在自然世界之上，要开出一个人文世界。所以荀子不只说人道，更说人文文化类别之道，荀子说人和各类自然物的关系，说人与人在世界中的各种关系，有说天道，有说人道，有说天地万物之道，有说求学、修身、政治、经济、军事、制度、音乐等各文化之道。

本书选出主要的篇章，并从每篇中精选出部分内容，扼要说明荀子形成人文世界的礼义之道。因篇幅有限，有些篇章未有选入，故在这里补充其大意，让读者能更全面掌握荀子学问的大概。

《仲尼篇》第七

《仲尼篇》用了文章开头二字作为篇名，和内容并无关系。首二段是说霸者自然有其不灭亡之道，而不免会有用礼让来装饰自己的表现；王者才能真正致力使用贤者来强大国家。又说臣子事君主和以礼自持之道。

《议兵篇》第十五

《议兵篇》是讨论军事的文章。说军队是以统一人民为根本目的。军队崇尚诚信，不崇尚欺诈。军队应是仁德之人的军队，天下人的军队。又说到军队的强弱关联于政治。又说仁义之师是无敌的，说做将领的六术、五权、三至和王者的军制。最后说仁者之所以用军队，是因为仁者爱人，所以憎恶危害别人，因为义者遵循义理，所以憎恶别人搞乱。又说，仁者的军队，所经过的地方都受到感化，所停留的地方都得到恰当的治理，好像及时雨降下，没有不欢喜的。孟子用来说君子德行的“所过者化，所存者神”，荀子用来说仁义之师，可见说军事，也是注重仁义德性的。最后荀子说，兼并别国容易，但要巩固凝聚才是困难。这就又归到政治上了。

《强国篇》第十六

《强国篇》说人的命在于天，国家的命在于礼，强国就要尊崇礼。威严有三种，有道德的威严，有严厉监察的威严，有狂妄的威严，道德的威严才能真正强国。又说得到胜过别人的权势，不及得到胜过别人的礼义之道。最后说秦国的霸政，治理得很好，但他们没有儒者，所以只能称霸，不能称王，因为不是崇尚礼义。

《正论篇》第十八

《正论篇》是要以公正的议论来驳斥当时流行的错误看法。例如：君主之道应该隐蔽周密的主张，桀纣本来拥有天下而汤武是篡夺天下的说法，宋钘主张被人侮辱而不以为耻，不以为耻就不会令人斗争等，荀子对此作出辩论。

《正名篇》第二十二

《正名篇》说名称和所指内容之间的关系，又说应如何制定名称。这是中国古代关于语言逻辑的重要篇章之一。荀子认为圣王制定名称，事物就能被分辨，人民就能够沟通，圣王之道就能实行。但社会上却有很多人擅自作出名称，混乱正确的名称，令人民疑惑，所以要写《正名篇》来纠正。荀子提出名称是约定俗成的，认为名称本来不固定，相约而命名，使用和相约不同的名称就不适宜，名称所指的内容本来也没有固定，相约内容而命名，所以是约定俗成。篇中也批评了一些和名称相关的异端邪说。

《君子篇》第二十四

《君子篇》的君子是指君主，主要说为君之道。君主使用刑罚超过罪行应得的，奖赏超过德行应得的，根据亲族来论罪，根据世系来任用贤人，就会形成乱世。君主应该效法圣王，根据礼义来制定事务，应该崇尚贤能，使贵贱有等级差别，亲疏要区分，长幼要有次序，刑罚要和罪行相当，爵赏要和德行相当。这才是先圣王之道。

《成相篇》第二十五

成，是把乐曲从头到尾演唱一遍；相，是古代一种敲击乐器，又叫作拊，成相，即一边唱一边击拊，可能是一种民间的演唱方式。《成相篇》是以体裁作为篇名。全文五十六章，分为三篇。每篇以“请成相”开头。这是古代一种朗诵的文体，须押韵，句式整齐，近似诗歌。本篇用朗诵句式说明了荀子崇尚礼义的政治主张，是研究古代韵文的重要资料。

《赋篇》第二十六

赋，也是一种朗诵文体，也要押韵。但句式不像诗，而像散文，没有固定格式，可说是押韵的散文。赋，后来发展成为中国文学一种重要文体，最初就是荀子这一篇，所以这篇也是研究韵文的重要资料。本篇有五篇赋，每首说一事物。前半句式较整齐，近似《诗经》，后半较散文化，较近似《楚辞》，内容是猜一事物，最后说出谜底。五篇分别说礼、知、云、蚕、针。崇尚礼和知，是荀子的学说主张，而云、蚕、针是托物讽喻，仍是说出崇尚礼义的主张。最后是一首诗和一首歌，不是猜谜，而是说出当时的社会政治问题。

《大略篇》第二十七

《大略篇》是荀子弟子记下的荀子言论，内容很分散，难以概括，但总体也可以看到荀子思想的大概，所以叫作《大略》，主要是说隆礼尊贤思想和礼仪，形式与《论语》相似。

《宥坐篇》第二十八

《宥坐篇》至《尧问篇》五篇是荀子和弟子摘录的数据教材，经后人编辑而成。这些内容虽不是荀子自己编写，但对研究荀子思想有一定价值，而内容也保留了不少春秋战国时期儒家学说的文字，是很有价值的历史文献。宥坐，指第一节所说的宥坐之器，是放在座位右边的盛水器皿。这个器皿完全没有水会倾斜，注水一半就会端正，盛满水就会翻倒。放在座位右边，用来提醒人不要太过或不及。本篇主要记载孔子言行，以示荀子对孔子的继承。

《子道篇》第二十九

《子道篇》开首是说孝道，故名子道。本篇也记载孔子和弟子的其他言论。

《法行篇》第三十

《法行篇》记载值得效法的言行，故名法行。

《哀公篇》第三十一

本篇第一节说鲁哀公问孔子，故以“哀公”为篇名。内容记载孔子和鲁哀公的对话，最后也有颜渊和鲁定公的对话。

《尧问篇》第三十二

本篇第一节说“尧问于舜”，故以“尧问”为篇名。内容记载很杂，最后一节是荀子弟子对荀子的总论。

名句索引

一画

二画

三画

凡人之欲为善者，为性恶也。今人之性，固无礼义，故强学而求有之也；性不知礼义，故思虑而求知之也。//238

四画

天不言而人推高焉，地不言而人推厚焉，四时不言而百姓期焉。夫此有常，以至其诚者也。//060

无置锥之地，而王公不能与之争名，在一大夫之位，则一君不能独畜，一国不能独容，成名况乎诸侯，莫不愿以为臣，是圣人之不得势者也，仲尼、子弓是也。//092

今夫仁人也，将何务哉？上则法舜禹之制，下则法仲尼、子弓之义，以务息十二子之说。如是则天下之害除，仁人之事毕，圣王之迹著矣。//095

以善至者待之以礼，以不善至者待之以刑。//106

王者之论：无德不贵，无能不官，无功不赏，无罪不罚。朝无幸位，民无幸生。尚贤使能，而等位不遗；折愿禁悍，而刑罚不过。百姓晓然皆知夫为善于家，而取赏于朝也；为不善于幽，而蒙刑于显也。//110

天地生君子，君子理天地；君子者，天地之参也，万物之总也，民之父母也。//111

为人主上者，不美不饰之不足以一民也，不富不厚之不足以管下也，不威不强之不足以禁暴胜悍也。//123

五画

六画

七画

八画

始而慎终，终始如一，是君子之道，礼义之文也。／／189
丧礼之凡，变而饰，动而远，久而平。／／192

九画

是是、非非谓之知，非是、是非谓之愚。／／046
相形不如论心，论心不如择术。／／073
虽王公士大夫之子孙也，不能属于礼义，则归之庶人。虽庶人之子孙也，积文学，正身行，能属于礼义，则归之卿相士大夫。／／104
故用国者，义立而王，信立而霸，权谋立而亡。三者明主之所谨择也。／／130
故国者、重任也，不以积持之则不立。／／131
既能治近，又务治远；既能治明，又务见幽；既能当一，又务正百，是过者也，过犹不及也。／／136
政令行，风俗美，以守则固，以征则强，居则有名，动则有功。此儒之所谓曲辨也。／／138
临事接民，而以义变应，宽裕而多容，恭敬以先之，政之始也。然后中和察断以辅之，政之隆也。然后进退诛赏之，政之终也。／／167
浊明外景，清明内景，圣人纵其欲，兼其情，而制焉者理矣。夫何强？何忍？何危？故仁者之行道也，无为也；圣人之行道也，无强也。仁者之思也恭，圣者之思也乐。此治心之道也。／／225

十画

十一画

十二画

十三画

楚庄王好细腰，故朝有饿人。//149

十五画

墨子之言昭昭然为天下忧不足。夫不足非天下之公患也，特墨子之私忧过计也。//120

十六画

辨莫大于分，分莫大于礼，礼莫大于圣王。//074

中信国学大典

荀子

导读及译注
方世豪
新亚研究所哲学组硕士及博士研究生，现任香港人文学会副会长，《人文月刊》总编辑，有多年讲授哲学与文化课程经验，曾追随哲学大师牟宗三先生学习中华哲学，以研究儒家哲学为主。

哲学宗教

《周易》
《礼记·孝经》
《心经·金刚经》
《净土三经》
《六祖坛经》
《黄帝内经》
《孔子家语》
《颜氏家训》
《淮南鸿烈》
《传习录》
《近思录》
《围炉夜话》

历史地理

《左传》
《战国策》
《史记》
《汉书》
《后汉书》
《三国志》
《资治通鉴》
《盐铁论》
《贞观政要》
《山海经》
《水经注》
《人物志》

先秦诸子

《论语》
《孟子》
《老子》
《庄子》
《墨子》
《孙子兵法》
《韩非子》
《大学·中庸》
《荀子》
《管子》
《列子》
《鬼谷子》
《商君书》
《吕氏春秋》

文学

《诗经》
《楚辞》
《唐诗三百首》
《宋词三百首》
《元曲三百首》
《古文观止》
《世说新语》
《徐霞客游记》
《梦溪笔谈》
《搜神记》
《东坡志林》
《三字经·百家姓·千字文》

图书在版编目(CIP)数据

荀子 / 方世豪导读及译注．— 北京：中信出版社，2014.1 (2020.5重印)
（中信国学大典）
ISBN 978-7-5086-4292-5
Ⅰ.①荀… Ⅱ.①方… Ⅲ.①儒家 ②《荀子》- 译文 ③《荀子》- 注释 Ⅳ.①B222.6
中国版本图书馆CIP数据核字（2013）第247386号

本书中文简体字版由中华书局（香港）有限公司授权中信出版社在中国大陆独家出版和发行

荀子

导读及译注：方世豪
策 划 推 广：中信出版社（China CITIC Press）
出 版 发 行：中信出版集团股份有限公司
（北京市朝阳区惠新东街甲 4 号富盛大厦 2 座　邮编　100029）
（CITIC Publishing Group）
承　印　者：北京诚信伟业印刷有限公司

开　　本：787mm × 1092mm　1/16　　印　　张：16.5　　字　　数：106 千字
版　　次：2014 年 1 月第 1 版　　印　　次：2020 年 5 月第 5 次印刷
京 权 图 字：01-2013-6916　　广告经营许可证：京朝工商广字第 8087 号
书　　号：ISBN 978-7-5086-4292-5/F·3044
定　　价：40.00 元

服务热线：010-84849555　　服务传真：010-84849000
投稿邮箱：author@citicpub.com

周易礼记孝经心经金刚经净土三经六祖
坛经黄帝内经孔子家语颜氏家训淮南鸿
烈传习录近思录围炉夜话左传战国策史
记汉书后汉书三国志资治通鉴盐铁论贞
观政要山海经水经注人物志论语孟子老
子庄子墨子孙子兵法韩非子大学中庸荀
子管子列子鬼谷子商君书吕氏春秋诗经
楚辞唐诗三百首宋词三百首元曲三百首
古文观止世说新语徐霞客游记梦溪笔谈
搜神记东坡志林三字经百家姓千字文

周易礼记孝经心经金刚经净土三经六祖
坛经黄帝内经孔子家语颜氏家训淮南鸿
烈传习录近思录围炉夜话左传战国策史
记汉书后汉书三国志资治通鉴盐铁论贞
观政要山海经水经注人物志论语孟子老
子庄子墨子孙子兵法韩非子大学中庸荀
子管子列子鬼谷子商君书吕氏春秋诗经
楚辞唐诗三百首宋词三百首元曲三百首
古文观止世说新语徐霞客游记梦溪笔谈
搜神记东坡志林三字经百家姓千字文